Formação & Informação

# Esportiva

Jornalismo para iniciados e leigos

Dados Internacionais de Catalogação na Publicação (CIP)
(Câmara Brasileira do Livro, SP, Brasil)

Formação & Informação Esportiva: jornalismo para iniciados e leigos / Sergio Vilas Boas organizador. – São Paulo : Summus, 2005. (Formação & informação)

Vários autores.
Bibliografia.
ISBN 85-323-0837-6

1. Comunicação 2. Esportes – Brasil 3. Jornalismo esportivo
I. Vilas Boas, Sergio II. Série.

05-0824 CDD-070.449796

Índice para catálogo sistemático:

1. Jornalismo esportivo 070.449796

Formação & Informação

# Esportiva

## Jornalismo para iniciados e leigos

Sergio Vilas Boas

Organizador

summus
editorial

*FORMAÇÃO & INFORMAÇÃO ESPORTIVA*
*Jornalismo para iniciados e leigos*


Coordenador da coleção: **Sergio Vilas Boas**
Capa: **Camila Mesquita**
Editoração e fotolitos: **All Print**

**Summus Editorial**
Departamento editorial:
Rua Itapicuru, 613 – 7º andar
05006-000 – São Paulo – SP
Fone: (11) 3872-3322
Fax: (11) 3872-7476
http://www.summus.com.br
e-mail: summus@summus.com.br

Atendimento ao consumidor:
Summus Editorial
Fone: (11) 3865-9890

Vendas por atacado:
Fone: (11) 3873-8638
Fax: (11) 3873-7085
e-mail: vendas@summus.com.br

Impresso no Brasil

# Sumário

# Apresentação

## *Necessário e polêmico*

Não considero jornalismo especializado sinônimo de "jornalismo praticado por editorias". Os profissionais que trabalham para uma única editoria não necessariamente são especializados nos assuntos que cobrem. Também não acho que especialização implique formar comunicadores super-hiper-especialistas. Mas reconheço que este é um ponto controverso, difícil de marcar.

Em jornalismo, especialidade deveria significar "compreensão aguda de questões-chave relativas a macrotemas do conhecimento humano, entendidos em sentido amplo". Quais macrotemas? Ciência, política, economia, meio ambiente e cultura, sobretudo. Cultura, por exemplo, poderia ir muito além de "artes e espetáculos", assuntos que pautam a maioria das editorias de cultura de jornais, revistas e *sites*.

Claro, esses cinco macrotemas que mencionei se subdividem em múltiplos setores de cobertura jornalística, todos de grande interesse público. A ciência abriga a saúde, que envolve meio ambiente, que abrange cultura, que afeta a política, que interfere na economia... Enfim, uma ciranda como a do poema "Quadrilha", de Carlos Drummond de Andrade. Os enfoques se costuram em espiral. Não há por que seccioná-los tão cirurgicamente.

Ok, mas e o esporte? Ele é uma especialidade jornalística ou uma "função" dentro de sua repartição? Minha resposta temporária é: esporte deveria ser uma especialidade jornalística. Mas me parece impossível (e talvez nem seja recomendável ou viável) um jornalista dominar todos os meandros de todas as modalidades esportivas. Concordemos ou não, o fato é que ser jornalista esportivo, hoje, no frigir dos ovos, significa cobrir um ou alguns esportes.

Sugiro, então, deslocarmos a pergunta: por que o esporte é visualizado pelas editorias de esportes somente como competição? Não estou me referindo a competições quaisquer entre dois indivíduos ou entre equipes. Estou me referindo a competições oficiais organizadas por associações, federações, confederações etc. É desse tipo de competição que as editorias de esportes se ocupam.

Com o tempo, vários esportes foram se organizando de modo tão profissional que a cobertura jornalística dessa área teve de fazer um recorte no campo – cobrir as "competições oficiais" – e dar um salto qualitativo em seu modo de expressão. Teve de adquirir pelo menos uma noção mais sistemática sobre disputas que mexem com emoções e com o imaginário coletivo. Mas muitos outros aspectos, como a ética, ficaram adormecidos.

Esporte é muito mais do que um jogo, não? Envolve ciência, tecnologia, saúde, política, história, comportamento, economia. Há inúmeras interfaces possíveis, polêmicas e necessárias que o jornalista poderia costurar para não se ater somente à questão da disputa. Adianto: neste segundo volume da coleção *Formação & Informação* procuramos não reduzir o entendimento do esporte apenas a regras, vencedores e vencidos.

Costuramos o livro em torno da cobertura jornalística sobre esportes, sua ética (ou antiética), seus amadorismos, discursos, espetáculos, folclores e pedantismos; suas histórias, sociologias, parcialidades e comoções. Além disso, os sete autores aqui reunidos buscaram responder, de alguma forma, ao seguinte: como é possível, neste mundo de competição e *marketing* elevados ao cubo, dar mais credibilidade ao combalido "jornalismo esportivo"?

O esporte é talvez o mais democrático dos temas. Atrai pessoas de todas as idades, de todas as camadas sociais, de todos os cantos. Tornou-se um fenômeno lucrativo considerável, negócio de proporções mundiais, motivo para tendências e modismos. Não apenas o futebol, evidentemente. Mas, por seu componente cultural e sua supremacia jornalística em relação a outras modalidades (no Brasil), o futebol foi alvo de dois artigos: "Pago para ver", de Mauro Beting, e "Um jogo, muitas pizzas", de Elias Awad.

Beting jogou o jornalismo futebolístico com humor de peladeiro. Fez *mea-culpas* e mostrou-se favorável às jogadas ensaiadas, ao treinamento intensivo e à concentração: "O futebol se resolve em campo, mas não apenas na hora do jogo. Se os times passam a semana treinando, aprimorando fundamentos, ensaiando lances, executando estratégias, estudando os adversários, por que a imprensa não pode e não deve fazer o mesmo?"

Elias Awad apitou pênalti contra a antiética: "Às vezes entendo também que nós, jornalistas, somos os maiores culpados e responsáveis pelos antiéticos que andam espalhados por aí, ganhando espaço exagerado na mídia. Vândalos das torcidas, personagens folclóricos e polêmicos, dirigentes inescrupulosos, políticos com segundas intenções e, por que não, os próprios jornalistas aproveitadores de situações. Ou será que temos a pretensão de imaginar que entre nós só existem 'santos'?"

Também contemplamos aqui aqueles que odeiam esse jogo onipresente em que 22 seres correm atrás de uma bola. Há inclusive críticas em relação às conseqüências desse "volume de jogo" que o futebol tem no jornalismo brasileiro. Mais: o jornalismo futebolístico, como veremos, não está com essa bola toda, não. Sua "ciência" está cada vez mais mistificada, diferentemente do que imaginam as vedetes incautas.

Saindo dos gramados, pé ante pé, José Eduardo de Carvalho, em "O discurso esportivo", esclarece as evoluções e involuções do linguajar da imprensa: "Como a linguagem jornalística esportiva no Brasil nunca teve uma escola definida e, portanto, não havia um receituário específico para a elaboração do discurso, a criação de uma estética própria dependeu muito da convivência com a obra dos cronistas, de uns poucos exercícios acadêmicos e de uma inevitável fase de tentativa e erro até que algo original fosse criado".

Em "Personagens e personas", Denise Mirás, que cobriu nada menos que seis olimpíadas, traz à tona a diversidade de criaturas e biografias que povoam o atletismo, modalidade que é um espelho das contradições brasileiras: "Ali, em cada raia, em cada prova, também correm e saltam dezenas de histórias. Cada uma é diferente, nem melhor, nem pior. Todas podem ser percebidas e bem contadas, a ponto de chamar a atenção do leitor, do ouvinte, do telespectador, levá-lo a também se interessar por elas".

Os protagonistas do vôlei e do atletismo, por exemplo, são de origens diversas, segundo Denise, e o jornalista realmente antenado deveria enxergá-los assim: "No vôlei, talvez o mais interessante seja a capacidade de 'adaptação' de seus dirigentes ao que se pode chamar de modernidade. O jogo praticamente 'camaleou-se' em outro jogo para virar um espetáculo que a TV aceitasse exibir e para que fosse colhido um dinheiro espetacular de patrocínios".

Ah, o *marketing*, o *marketing*. Patrocinadores e assessorias de comunicação especializadas agora mantêm relacionamento íntimo com repórteres e editores, segundo Cláudia Coutinho em "Assessorias especializadas": "Como a profissionalização do esporte no Brasil se deu em conseqüência do *marketing* esportivo, é essencial, ainda, que o assessor de imprensa esteja sempre atento aos objetivos dos patrocinadores de relacionar a marca com aquele esporte, defina qual mercado busca atingir, qual imagem deseja passar. Precisa, enfim, zelar pela marca que possibilita a existência daquela equipe, o desempenho crescente do atleta, a realização do evento".

José Cruz, por sua vez, foi investigar as políticas do esporte e descobriu "Os esportes da política". Constatou que, além de não planejar desde cedo a formação de atletas competitivos, o Brasil nunca formulou uma política sistêmica de incentivo aos esportes olímpicos tradicionais. As conseqüências são visíveis: "[...] todos os tempos e marcas do atletismo no Campeonato Escolar Brasileiro de 1983 foram superiores aos registrados na competição correspondente de 2003, os Jogos da Juventude. Ou seja, a nova geração do atletismo, além de não ter evoluído, regrediu tecnicamente em duas décadas".

Por último, Flavio Gomes aquece os motores e calibra os altos e baixos do jornalismo sobre fórmula 1 no Brasil em seu "De máquinas e homens": "Essa cobertura arrefeceu depois do acidente de Ayrton em Ímola. Já no ano seguinte, dois dos grandes jornais, os do Rio, deixaram de enviar repórteres. As equipes de rádio foram reduzidas. A própria Globo passou a transmitir muitas provas *off-tube*, com narrador e comentarista nos estúdios, no Brasil. As revistas esqueceram-se do assunto. [...] Hoje, para os brasileiros, a internet é a maior fonte de notícias da categoria".

Eis em suas mãos uma obra que se recusa a ser uma apostila com capa colorida. Aqui, o arremesso à cesta gera três pontos na certa. Você não precisa ser – ou se autodenominar – jornalista para tirar de letra este *Formação & Informação Esportiva*.

*Sergio Vilas Boas*
Março de 2005

# Pago para ver

*Jornalista futebolístico deveria vestir a camisa da sua profissão, e não apenas a camisa do patrão*

MAURO BETING*

*Bem-aventurados os que não são cronistas esportivos, pois não carecem de explicar o inexplicável e racionalizar a loucura.*

Carlos Drummond de Andrade

Antes de entrar de sola no papo e antes que você possa chutar a minha medalhinha: apesar de jornalista esportivo, tenho alguma autocrítica, detesto qualquer corporativismo, busco enxergar (apesar dos meus seis graus de miopia) os defeitos da "raça" (muitas vezes, não temos "classe", muito menos "categoria"), tento ser ético em um jogo com regras obscuras, não concordo com muitas crenças e ranços do ofício, e já cometi faltas, ainda erro, e continuarei pisando na bola e fazendo as mesmas lambanças que aqui espinafro e corneto.

---

*. Comentarista da Rádio e TV Bandeirantes. Apresenta o programa Beting & Beting com o pai, Joelmir, no Bandsports. Escreve uma coluna diária no jornal *Agora São Paulo*. Colunista do portal America Online. Autor do livro *Bolas & Bocas – Frases de craques e bagres do futebol*. Foi professor de Jornalismo. Comentou futebol nas TVs Record, Gazeta, Cultura, Sportv e PSN, e nas rádios Gazeta e USP.

Mas amo o que faço: sou pago para ver jogos de futebol. Sei de amigos que venderiam a mãe para fazer o que faço – pena que alguns coleguinhas vendam a alma ou se vendam para continuar no meio. Cada vez mais um meio que um fim para muita gente ruim. É triste, mas às vezes dá a impressão de que há campo fértil e livre para quem vende. Ou se vende. A saída, além de desligar a TV, seria a terceirização plena: de profissionais, de serviços e, em breve, no horário cada vez menos nobre, de opinião.

Aqui você não vai encontrar as pedras da lei nem a primeira e a última palavra sobre jornalismo futebolístico – não vou ser mais pedante e prepotente do que já sou para escrever jornalista "esportivo" num país de monocultura esportiva; mais mono que esportiva, claro. O jornalismo futebolístico a-do-ra discorrer sobre os *placares* consumados e sobre as teses voláteis como um treinador de futebol em clube grande. Já disse Daniel Passarella, zagueiro campeão do mundo pela Argentina, em 1978, e técnico de seleção: "Vocês, jornalistas, são 'invictos'". Não perdemos uma! Nunca erramos. Os jogos é que desandam. As partidas é que não seguem a pauta. Os fatos é que não ouvem o que comentamos, manchetamos, cornetamos, informamos, deformamos.

Mas nós, como jornalistas que somos, apenas refletimos o mundo que vemos e vivemos. É a função da imprensa. A de buscar a melhor versão possível dos fatos. E não procurar o Graal da Verdade. O que é a Verdade? Cada um tem a sua. Mas a imprensa adora adotar um Manual de Verdades Supremas e Indiscutíveis da Redação. Em especial, a nossa raça futebolística. Desconfie sempre de quem diz "a grande verdade é que...". Esse é um baita de um enorme de um grande mentiroso. Ainda mais em um esporte em que você pode chutar trocentas bolas a gol e perder a partida para um time que não deu uma finalização sequer. A grande verdade é que não existe uma verdade.

Os jornalistas são os burros expiatórios de plantão. Eles dão a cara, a língua e a credibilidade para bater. Se nós dissermos que o Brasil irá golear Vanuatu e o resultado não for o "normal", os "estúpidos, secadores, desinformados, arrogantes, afobados, mercenários, argentinos, vendidos e incompetentes palpiteiros" seremos nós. Os 103% de brasileiros que apostaram na mesma moeda vão se calar no aconchego do lar e do bar. Nós, ainda poderemos perder a folga e ganhar a forca.

Esqueletos do ofício. De um emprego que cassa todo final de semana, que faz do lazer dos outros um dever, que faz do papo sem compromisso na roda de amigos a sua obrigação diária *non-stop*. Você nunca mais vai se sentar no sofá para ver um joguinho vagabundo. Qualquer arremesso lateral em Botsuana pode ser uma pauta. O seu filho, que pelo sacro direito adquirido pela paternidade tem que ter o mesmo sobrenome, DNA e clube que você, de tanto ver o pai elogiando as qualidades dos rivais pode acabar desandando e virando a casaca. Afinal, como acompanhá-lo se ele está lá na tribuna de imprensa, na cabine do estádio, sem a camisa do seu time, sem urrar gol do seu clube, e ainda elogiando a equipe dos outros?

Até pensei em desistir deste texto e dessa profissão. Mas se não é fácil para um jogador pendurar as chuteiras e deixar as quatro linhas, imagine deixar de escrever milhares delas sobre a maior paixão do brasileiro, sobre o nosso melhor produto de exportação, sobre aquilo que nós fazemos melhor que ninguém no planeta. Falar de futebol no Brasil é como cobrir cinema nos Estados Unidos, como criticar artes plásticas na França em meados do século XIX, como ter um fanzine em Liverpool em 1962, como ser crítico gastronômico na Toscana. É um privilégio. Quase uma arte tentar contar o que é um drible de Garrincha, um desarme de Domingos, um lançamento de Didi, um gol de Ronaldo, um passe de Rivellino, um passo de Pelé.

Não estamos à altura do nosso talento com a bola nos pés. Mas sabe o que é contar algo diferente para 180 milhões de amantes do futebol? Dizem que temos o mesmo número de treinadores. Bobagem. Ninguém quer ficar no banco. Quer jogar bola. Como nem todos podem – ou sabem –, a imensa maioria gostaria mesmo é de ir a campo, falar o tempo todo, cobrar resultado, não suar, não expiar os pecados, não perder os gols e os jogos, e ainda ser pago para isso. Como qualquer jornalista futebolístico.

É um imenso prazer. E um gigantesco dever. Se o brasileiro soubesse de política, economia e cidadania o que sabe de Seleção Brasileira, Flamengo e Corinthians, certamente o Brasil seria outro; se o presidente da República e o ministro da Fazenda fossem cobrados como são cercados o técnico da Seleção e o presidente do Flamengo, talvez nós fôssemos os Estados Unidos... Pensando bem, deixa para lá. Eles não gostam de futebol.

## Fugindo à ladainha

*Médico acha que é Deus. Jornalista tem certeza.*
Ricardo Noblat, jornalista.

Qualquer bípede pode comentar futebol no Brasil. Basta dizer que futebol é uma caixinha de surpresas. Cada jogo tem a sua história. Dois a zero é um placar perigoso. Está faltando pegada, atitude e determinação. O grupo está unido. Não se joga mais como antigamente. Não temos mais pontas. É preciso acertar o passe ofensivo. O melhor caminho para o gol é pelas pontas. Não tem mais bobo no futebol.

Sair da ladainha pede um pouco mais de entendimento. "Determinação", diriam os entendidos. O futebol se resolve em campo, mas não apenas na hora do jogo. Se os times passam a semana treinando, aprimorando fundamentos, ensaiando lances, executando estratégias, estudando os adversários, por que a imprensa não pode e não deve fazer o mesmo?

Começando pelo básico: é pouco comum a presença de comentaristas em treinamentos das equipes. Alguns repórteres setoristas – que cobrem o dia-a-dia (e, em alguns casos, até a madrugada-a-madrugada dos elencos) –, não raro ficam de costas para os treinamentos e para os coletivos dos times. Não vêem as movimentações, as alterações táticas. Ou, quando vêem, não enxergam. Não prestam atenção. Ou não têm a atenção devida para visualizar a formação das equipes. Para não dizer que não têm cultura tática para interpretá-la. Não têm porque não querem. Porque o chefe não cobrou. E nem vai pagar para tanto.

Os treinadores e jogadores aproveitam e fazem o jogo que querem. Não respondem às raras questões táticas formuladas. Ou para esconder o jogo dos adversários, ou simplesmente porque a imprensa não viu o jogo que eles treinaram. Há casos em que técnicos e atletas não falam sobre isso por também não darem a bola devida à tática do futebol. Não falam porque não conhecem a fundo. Ou acham chato – não sem alguma razão. Acabam parecidos com os jornalistas, que não se aprofundam porque não querem, porque não sabem, porque ninguém manda, porque aborrece.

Mas, também, porque o público não dá a menor pelota se o Corinthians jogou num 4-3-1-2, se os alas do Cruzeiro estão muito recuados, e se o Boca Juniors varia do 3-3-2-2 para um 3-4-1-2 com os mesmos jogadores. Os únicos números que importam, que mandam e desmandam, são os do placar. E, nas redações, os do Ibope e os das vendas nas bancas, dos acessos ao *site*, por aí (não) vai.

A tática de um jogo e de um time não é interessante. Mas é importante. É função básica da imprensa tornar interessantes os assuntos importantes. Como a tática de um jogo; como as jogadas de bastidores e as cartolices dos donos das bolas. É chato, mas é preciso falar, criticar, questionar, procurar. Poucos veículos e ainda menos jornalistas conseguem entrar de sola nas questões de campo e extracampo. Os jargões "o público não se interessa", "isso não dá Ibope", "é assunto técnico e político e as pessoas só querem ver bola na rede" tiram o assunto da pauta, e o futebol, do sério.

Sobretudo com uma televisão mais escancarada e arreganhada que "aberta", com uma *míRdia*[1] banalizada e bundalizada, fica cada vez mais difícil separar o joio do trigo. Quando muito, imprime-se o joio, e jogamos o trigo para o Canal Universitário.

Falar de tática e de política do esporte não dá ibope – em caixa baixa, mesmo, em qualquer acepção. O instituto de pesquisa já virou substan-

1. Acepções em que emprego essa palavra: 1. meio de comunicação que se transformou muito mais em um meio do que em comunicação; 2. imprensa que adora fazer... média.

tivo, expressão idiomática, patrão. E pauteiro: o que interessa é o que dá ibope. Ou Datanexus, Datafolha, a data que você quiser, o índice que você pretender. A discussão mais ampla, plural, o contraditório, o debate, só serve SE ALGUÉM GRITAR, BATER NA MESA, LEVANTAR DA CADEIRA, CHAMAR A MÃE DO OUTRO DE... (viu? Você estava quase cochilando quando se deparou com todas essas maiúsculas reunidas. É o que está dando na mídia do começo do século: ganha-se no grito. No jornalismo impresso, quem consegue impressionar mais com as exclamações e maiúsculas, tecnicamente chamadas de "caixa alta" – mais caixa que alta, por estes dias).

O ideal, a meu ver, seria o aprimoramento do profissional nos treinamentos. Não só os jogadores se preparam para as grandes jornadas; os profissionais de imprensa também vão se municiando de dados, de fatos, de fotos, de impressões, de observações que surgem com a prática. Nos treinos, pode-se ver como um time vai se portar quando a bola rolar de fato; nos treinamentos, quase sempre se vê quem está no time do treinador, quem está jogando contra e, até, se o técnico é mais um distribuidor de camisas ou um cara que conhece do riscado.

Fora do treino, na entrevista, acentuam-se mais as inflexões que as palavras impressas e que as fotos e *frames* na mídia. No treinamento se consegue conversar melhor com o jogador, com o treinador, com o preparador físico, com o cartola. Fora do ar, você está por dentro do jogo. Mais próximo do ambiente de uma equipe, numa conversa de canto de campo com o profissional da bola.

Um dia de treino num time de futebol vale por uma semana de bola rolando. Mas, para muito jornalista, Didi, o craque bicampeão em 1958 e 1962, autor da célebre frase, já secou a folha do jornal: "treino é apenas treino". O jogo é o jogo. O que vale.

## Treinar fundamentos

*No Jornalismo, quando um quer, dois entram em contradição.*

Carlos Guimarães, jornalista.

Não importa a mídia: o jornal, que vai atrás da bola desde os primeiros pontapés no balão de couro em solo nacional, em 1894, em São Paulo; o rádio, que vestiu a camisa da Seleção Brasileira na Copa de 1938, com um *speaker* oficial, Gagliano Neto, e nunca mais deixou os gramados; a televisão, que desde a primeira transmissão interestadual (1956), desde a primeira partida via satélite (Santos x Inter de Milão, 1969), mudou o modo de ver o jogo, e de o jogo ser visto; a revista, que luta com fervor religioso para se manter viva, como a *Placar*, a melhor delas, em campo desde 1970, com idas e vindas; a internet, que faz TV, rádio, jornal, revista e a própria internet desde 2000, com mais freqüência; e a futura mídia, que eu não sei qual é, mas que ainda estará falando de Pelé.

O jornalista de futebol é multimídia antes de se inventar o termo. Inovou, a partir de Mario Filho e o seu *Jornal dos Sports* (comprado em 1936), no Rio, a linguagem e a cobertura futebolística nos anos de 1930. O texto parnasiano e pedante dos *sportmen* da origem elitista do *football* no início foi perdendo terreno para a linguagem de botequim das arquibancadas apinhadas da patuléia, antes segregada e desgraçada. A popularização do jogo encheu o futebol de pobres. Antes disso, o futebol era qualquer nota na imprensa – literalmente.

Em 1910, no Rio, o *Jornal do Brasil* só publicava uma página em dia de clássico. E olhe lá. *O Estado de S. Paulo* já dava bons espaços ao futebol na primeira década do século XX. Mas só para a elite: quando o Paulistano da fina flor da sociedade enfrentava o Palestra dos "italianinhos", só a escalação, com nome e sobrenome (especialmente este), do time da elite era publicada. Os rivais da plebe que se contentassem com o nome do time, não dos jogadores.

Mario Filho, o futuro nome do Maracanã, o irmão mais velho de Nelson Rodrigues, virou o jogo: em 1927, revolucionou a página de esportes de *A Manhã*, jornal do pai. Faria mais em *O Globo*. Daria mais espaço às regatas (o esporte popular de então), e muito mais ao futebol. Privilegiaria, também, os jornalistas que trabalhassem com o futebol, pagando melhores salários, e evitando que eles continuassem a comer nos clubes – prática que já caiu em desuso, embora haja colegas espalhados pelo país que adorariam que ela perdurasse por todo o sempre.

Mario fez mais: abrasileirou vários termos do *football*, a começar pelo próprio. E sem cair nas bizarrices ortodoxas do ludopédio, balípodo, pébol e outras soluções sugeridas para a palavra futebol. Facilitou a compreensão do jogo e a sua divulgação: em vez de escrever Fluminense Football Club, passou a falar apenas em Fluminense. E, mais para frente, em Fla contra Flu. Fla-Flu, termo criado nos anos de 1930, bem depois do próprio clássico que, para o irmão de Mario, Nelson, havia sido criado "quarenta minutos antes do nada".

Mario Filho foi além. Criou o diário *Mundo Esportivo*, em 1931. Durou oito meses. Mas seguiu tentando. Bolou premiações e competições para as melhores torcidas. Inventou o desfile de Carnaval. E, em 1936, comprou e refez o *Jornal dos Sports*. Com o dinheiro dos cartolas do Fla e do Flu. Mario Filho seguiu o pai, Mario Rodrigues: "Um jornal não deve se limitar a dar notícia. Deve também produzir notícia. Se preciso, ser a notícia". Mario seguiu o pai até quando não deveria. Sabendo, criou o jornalismo esportivo; sem saber, estaria criando umas das espécies de jornalista futebolístico do futuro: aquele que não vai atrás da notícia; aquele que quer que a notícia vá atrás dele, o artista.

O rádio, a partir do final dos anos de 1930, completou o serviço e levantou a bola pelo elevador social. O narrador brasileiro criou um estilo tão brasileiro quanto o trato do boleiro tupiniquim. Nicolau Tuma, na Rádio Sociedade Educadora Paulista, transmitiu a primeira porfia pelo rádio em 19 de julho de 1931, entre paulistas e paranaenses, no campo da Floresta, em São Paulo. A técnica metralhada e efusiva entrou pelo tubo catódico da televisão, filha de 1950, e, de lá para cá, passou apenas por um ajuste fino de sintonia. A narração dos tempos do Colorado RQ valvulado para os monitores de plasma líqüido mudou pouco. Muito menos que o futebol. Mas de um modo tão significativo quanto. Só não quer ver quem não liga a televisão. Ou não se liga.

Johan Cruyff, craque holandês de campo e de banco, diz que tudo já foi inventado há cem anos no futebol. Na mídia, tudo ainda terá que ser aprendido até o século XXII. Não é fácil mudar time que está vencendo (as maiores audiências da história do SBT, Bandeirantes e Rede Gazeta de Televisão foram em jogos de futebol, em transmissões de Copa do Brasil, Mundial de Clubes e Libertadores da América).

Nem aquela equipe que está sendo goleada consegue trocar um lateral por outro. O torcedor é mais conservador e pragmático que Carlos Alberto Parreira fazendo o Imposto de Renda. Inovações de linguagem e de método, como a do narrador de rádio Osmar Santos, no início dos anos de 1970, devem-se muito mais ao carisma e ao charme pessoal que a uma filosofia de trabalho e a uma nova escola. Na mídia futebolística, que adora falar em "Equipe a Dona da Bola", "Escrete do Rádio", "A Seleção da TV", o que vale, quem conta, é o craque. O indivíduo. A estrela. O jogo coletivo, que a imprensa tanto pede para uma equipe, não vai além do microfone e da segunda linha do primeiro parágrafo.

A equipe conta, até os ermitões sabem. Mas a diferença é o indivíduo. O jornalista que se prepara, que acompanha treino, que lê bula de remédio, que compara as estatísticas individuais e coletivas, que estuda a história do jogo, dos jogadores, dos torcedores e dos clubes, que tenta ver o jogo com as córneas do torcedor (mas sem as coronárias), que repassa as regras do futebol, que tem o regulamento do campeonato nas mãos, que treina, enfim, esse faz o jogo dele independente da qualidade do time. E sai ganhando sempre. No mínimo, empata. Como os craques da comunicação, que nem precisam fazer tudo isso para brilhar. Porque são craques, que sempre têm gente para correr por eles.

O problema é que tem jogador que se encosta no craque e deixa tudo na garganta dele. Ou outro tipo, ainda pior, com pretensões ainda maiores: aquele jornalista que trabalha não para conversar, não para dialogar, não para comunicar. Trabalha para aparecer. O artista da imprensa. O repórter metido a besta, como muitas bestas metidas a repórter que infestaram a televisão nos últimos anos. O jornalista que trabalha para aparecer dentro do campo ao lado do artilheiro. Para passar o braço no ombro do goleiro da Seleção. Para usar um boné da churrascaria que lhe paga a janta do sábado. Para pendurar a conta da padaria. Para pegar a loira do 312. Para dar autógrafo. Para ele ser parado na rua: "Você não é aquele repórter de esportes?"

Não. Você é uma estrela do futebol. Mas jornalismo futebolístico é outra coisa. Ou deveria ser.

## Concentrar mesmo

*Os amantes do futebol preferem ficar em casa, sem sofrer os rigores do sol, vento e chuva.*

Jornal *Correio Paulistano*, reclamando, em 1934, que as transmissões de partidas pelo rádio estavam tirando público dos estádios.

Enquanto os jogadores nas concentrações dos clubes ligam o computador para navegar pela internet e jogar *games* na espera de a bola rolar, o jornalista deve vasculhar vírgulas e entrelinhas de informações em todos os locais possíveis. Seja ele narrador, comentarista, produtor, editor, chefe de reportagem, o que for. Antes de tudo, precisa ser repórter: deve ter na ponta da língua (ou do dedo) a informação que evite o chute pelos ares ou pelas páginas da *web* e dos jornais.

Só o jogador pode chutar. O jornalista, não. Especialmente o comentarista. Não são poucos os que chegam às cabines e se esquecem de tudo que aprenderam e camelaram. Jogam a descrição para a língua do narrador, e as informações para as costas do repórter. A rainha da Inglaterra da transmissão só comenta o lance acabado. E olhe lá. Não raro pergunta ao repórter, ao vivo: "Neto Júnior: quem é esse Genilson Baiano que vai entrar aí no Grêmio? Onde ele joga? Quem é esse cara que eu nunca vi mais gordo?". E o Genilson Baiano joga no Grêmio. Imagine se fosse num time de menor projeção.

O comentarista precisa apresentar o pão amanhecido como se tivesse sido tirado do forno. É tarefa para mestre-cuca francês. Ou louco brasileiro, quase um pleonasmo. Mas tem colega que não leva caneta ao estádio. Uma rápida espiada em um jornal (não em todos os possíveis), e lá vai o profissional do microfone detonar bagrecéfalos e enaltecer craques que ele pouco viu, nunca ouviu e sobre os quais quase nada leu. Se a assessoria de imprensa do clube não for até a cabine levar um material informativo que ele também não vai ler, muitas vezes o incauto e calejado profissional do ofício vai ser apresentado ali ao artilheiro do campeonato que a emissora em que ele trabalha paga milhões para transmitir. E ele, que também é bem pago, vai deitar falação sobre aquilo que qualquer torcedor sabe. Porque paga para saber tanto quanto o barão da imprensa.

Não é regra, e nem tem sido praxe nos últimos anos. A nova geração não viu os craques do passado. Mas muitos leram sobre eles. Viram os vídeos. Ouviram dos senadores das cabines histórias maravilhosas. Procuraram saber quase tanto quanto aqueles que não procuram mais saber. Eles que já viram, e que não parecem dispostos a ver mais nada.

Parece briga entre os "românticos ofensivistas" e os "pragmáticos defensivistas". Entre admiradores de Telê Santana e defensores de Carlos Alberto Parreira. Não é. Mas parece ser: a guarda imperial que viu Pelé não quer ver computador pela frente e acha que os sub-40 são *nerds* bitolados; os garotos de fraldas ou poeirinhas cósmicas daqueles anos vêem a geração sub-70 como páginas emboloradas e ultrapassadas como um Gordini subindo a ladeira.

O exagero é próprio do passionalismo do futebol. Não poderia entrar num campo supostamente objetivo e impermeável como o jornalismo. Mas entra.

## Times em campo

*A função do comentarista de rádio é preencher*
*o espaço no intervalo enquanto o locutor vai mijar.*

Mário Moraes, um dos maiores comentaristas da história.

Jornalista não é marechal para fazer campanha, nem mastro para ostentar bandeira. Mas o jornalista futebolístico é cada vez mais polivalente: bate escanteio, sobe para cabecear, e ainda dá o gol e vende a imagem. Na era do entretenimento acima de todas as coisas, o jornalismo esportivo como um todo virou entretenimento esportivo. Na TV arreganhada – quero dizer, na TV aberta –, então, mais importante que a câmera é quem vai estar à frente dela. Se loira de saias curtas e olhos claros, melhor. Se campeã pan-americana intersazonal de *sky-shiting*[2], ainda melhor.

Na falta de melhor material, o apresentador (não confundir com jornalista) deve ter um sorriso bonito. Ou uma aparência bizarra. Usar cabelos terceirizados como os deste jornalista. Ou falar gritando. Ou aparentar um inconformismo com a sociedade, a Lei da Gravidade e Darth Vader. Muito mais que o conteúdo, é preciso agilizar a informação. A deformação. A formação. É preciso colorir o jogo, dourar a pílula, chumbar os olhos do telespectador.

O debate tem que bater. Não interessa o que se fala, mas o que se grita e o que não se deixa falar. A polêmica pela polêmica. Uma opinião abalizada, equilibrada, que tenta entender o outro lado, que dá margem ao pensamento contrário, que coloca fatos e deixa espaço para a opinião alheia, essa deve ser combatida. Não agrada. Não dá Ibope. Não dá. Chame os comerciais, anuncie uma enceradeira, dê uma sacola de produtos quaisquer. É assim que se faz. É assim que hoje se paga.

As televisões jogam aberto. Fazem propostas a profissionais da imprensa perguntando na lata: "Quem você pode trazer de patrocinador?"

O entretenimento está ganhando de goleada. Não se pode falar mal de um "espetáculo" quando o jogo é de doer os olhos e arriar as meias. É a lei número um do entretenimento esportivo em TV escancarada: "Vamos levantar a bola da transmissão". Como se o comentarista e o narrador fossem um Bebeto de Freitas, um William, um Maurício. Querem que o jornalista seja um Faustão (que, diga-se, foi um excepcional repórter de rádio e de jornal), um Gugu, uma Scheila Carvalho. O jornalista não promove. Não administra, não joga, não decide – por mais que alguns tantos queiram fazer tudo isso, e mais uns 10% na conta. Não é da

2. Esporte radical que provavelmente será muito praticado dentro de alguns anos nas grandes cidades (sic).

nossa conta julgar, promover, fazer campanha, enfim, tantas coisas que a imprensa faz indevidamente.

Ora, bolas! Um exemplo da promoção de eventos que virou a transmissão televisiva: jogam Olaria x Flamengo, pelo torneio sub-20 do Rio. Quem assiste à partida pela televisão é rubro-negro, antiflamenguista, torcedor do Olaria, ou, em último caso, um caso perdido de torcedor patológico, que assiste a qualquer jogo de bola pela TV. E que sabe muito de futebol, ululante.

Vamos lá: aos trinta do segundo tempo, zero a zero, o melhor lance da partida é um chute de canela pela linha lateral; o comentarista abre o microfone e diz:

– O jogo é muito bom, bastante movimentado, qualquer coisa pode acontecer, as duas equipes são muito determinadas, e o amigo de casa pode se preparar que as emoções vão continuar...

São quatro as opções do telespectador: a) desligar a TV e mandar o comentarista rever o jogo inteiro em câmara lenta, duas vezes seguidas; b) mandá-lo para aquele lugar; c) ligar para o SAC da TV por assinatura e pedir ressarcimento por propaganda enganosa; d) trocar de emissora e de jornalista, que eles são uns baitas de uns mentirosos, que querem enganar e iludir os clientes.

Agora, se o indigitado comentarista comentar o seguinte, depois do primeiro chute torto em 75 minutos:

– É uma das piores partidas que já vi na minha vida. Nada prestou até agora, e dificilmente vai acontecer algo em campo além do falecimento da bola e do futebol brasileiro...

O telespectador tem algumas opções de escolha: a) vai xingar o comentarista e continuar assistindo ao jogo; afinal, ele está vendo a TV porque o time dele está em campo, e nem a mulher dele o tira dali; b) vai concordar com o comentarista e vai continuar torcendo pelo Flamengo, ou, se for o caso, vai se divertir e continuar torcendo contra o Flamengo; c) tanto importa o que o comentarista disse, porque ele torce pelo Olaria e está acostumado a times modestos; d) ele vai diminuir o som, mas vai continuar assistindo ao jogo (o que não tira um ponto sequer do Ibope –

o que, de fato, interessa às redes de televisão e rádio); e) ele, que não é Flamengo, não é Olaria, não é anti-rubro-negro, e adora o futebol, só pode concordar com a análise do comentarista, e vai dar mais valor ainda a ele e à emissora que o contrata, que está sendo fiel aos fatos, sem se preocupar com possíveis conseqüências comerciais.

No frigir das bolas: não há por que elogiar um jogo ruim. Jornalista não é promotor do evento. A emissora pode ser parceira de federações e clubes nas transmissões de espetáculos. Mas festival de música é uma coisa; futebol, outra. Qualquer torcedor da geral sabe quando um jogador engana; o fã do grupo de pagode Sambosta está se lixando se o cantor Bhaixxinnho é desafinado e fanhoso. Não há por que enxergar qualidades onde há defeitos no campo de jogo. Se não se deve desmerecer jamais uma partida antes do início (o que não significa omitir erros e falhas de times, cartolas e campeonatos), não criticar um jogo que é ruim é crime lesa-bola. O torcedor é muito mais profissional e entendido que os senhores do controle remoto do futebol.

Se o patrocinador não gosta que se fale mal do evento em que ele gasta muito para ostentar a marca, que o diretor comercial da empresa de comunicação explique a ele que, no futebol, às vezes se ganha, se empata e se perde. Como qualquer negócio, registre-se na contabilidade. E em quase nenhuma dessas vezes quem está em campo é jornalista.

O jogo, por definição, implica risco. De quem paga, de quem é pago. Pena que poucos estejam sendo pegos fazendo jornalismo comprometido com o público.

Outro exemplo: uma televisão do Suriname transmitia com exclusividade a Eurocopa de 2004. Era a última rodada da fase inicial, com dois jogos interdependentes. Se saísse um gol da Suécia contra a Dinamarca, a Itália, que empatava com a Bulgária (o jogo transmitido pelo canal), estaria eliminada. E saiu o gol sueco; todo o esforço italiano havia sido em vão. Menos para a emissora que, bem de audiência naquele instante, não deu pelota à informação, ao telespectador, aos fatos, à ética, ao respeito ao cliente. Simplesmente não informou que todo o esforço italiano para buscar a vitória era inútil com o gol sueco.

Para piorar o enredo e o engodo, a Itália desempatou no finalzinho do jogo. E, então, e só porque não havia outro jeito de continuar enganando o cliente, a TV informou que a Suécia havia empatado "naquele instante", e que o gol italiano nada mais valia. Já que a sacanagem estava instituída, a direção do canal obrigou o narrador a dizer que só naquele momento do gol italiano havia saído o gol sueco – outra deslavada mentira.

Aquela alegria italiana pelo gol "salvador" virou frustração imediata para os jogadores e para a esmagadora maioria dos telespectadores que não tivessem rádio ou internet.

Resumo da ópera bufa: a direção da emissora não quis divulgar o resultado de Suécia x Dinamarca para não afetar os resultados dos índices de audiência de Itália x Bulgária, que cairiam com a divulgação do gol sueco.

E o pior é que esse expediente inominável é manual de redação nas televisões locais. Em todas, com maior ou menor intensidade – quer dizer, gravidade. E pelo mundo todo: teve TV do Marrocos que só dava os placares e não dava a menor pelota ao Mundial de Clubes da Fifa, disputado em janeiro de 2000, só porque não tinha os direitos de transmissão dos jogos do Raja Casablanca. Fingia que o torneio não existia, só porque não era da grade de programação. Com a audiência espantosa da concorrência, teve de abrir o sinal. E deu na cara de todos.

Novo frigir das bolas: na briga por bons índices de audiência no Suriname, venceram os índices, perdeu a audiência.

## Torcedores mandam

*Cronista esportivo não só pode como deve torcer.*
*Aquele que não tiver time tem de ser setorista de ensaio de ópera.*

Armando Nogueira, jornalista, botafoguense.

A *míRdia* está o que está no novo milênio pela ditadura do Ibope. Diretores de programação e de programas só parecem assistir à tela do minuto a minuto do instituto de pesquisa, sem se preocupar com (ou sem enxergar) o que se passa na própria emissora, ou o que se passa nas concorrentes. Vírgulas à direita acabam levando à contratação e à promoção de zeros à esquerda, porém bons de Ibope – mas ruins de informação, formação, conteúdo, ética (o espaço disponível neste parágrafo é exíguo).

A bundalização da TV arreganhada invade o campo e dá carrinhos por trás na informação qualificada. Os índices de audiência pautam a cobertura e o enfoque turvo dos fatos. Logo, manda na mídia quem manda na arquibancada, mais que no campo.

Flamengo e Corinthians são os senhores da imprensa. Eles jogam mais que os rivais porque têm mais torcida em campo e no sofá, no rádio e no carro. As torcidas mais numerosas dominam o noticiário. E os noticiaristas, não raro.

Corinthians e Flamengo (e os demais grandes clubes de grande torcida) não são derrotados; eles é que perdem. Sempre: exemplo gritante – manchete de emissora de televisão sediada em São Paulo, quando, em novembro de 2003, a Seleção Brasileira Sub-23 enfrentou o Corinthians, em amistoso, em Rio Preto.

Na TV paulistana, a locutora anuncia: "Em Rio Preto, o Corinthians perde mais uma, agora para a Seleção Pré-Olímpica". Imagine o Siena vencendo a Itália, e não a Itália perdendo para o Siena. É a imprensa paulista. Ou corintiana. E falando para todo o Brasil, em rede nacional...

O Jornalismo Futebol Clube não é prioridade paulista. Outra clássica manchete é de um jornal do Rio, no Brasileirão de 1991. O Fluminense voltava a atuar no estádio das Laranjeiras, o seu campo histórico. O adversário: o Bragantino, então campeão paulista. O jogo acabou 1 a 1. A manchete da segunda-feira: "Fluminense estranha as Laranjeiras e só empata com o Bragantino". Se o dono da casa "estranha" o próprio estádio, o que dizer do visitante?

O pior é que já não se estranha atitude assim. Os rádios, por alcance, são regionais (não falo de bairrismo, que dessa praga se fala adiante). Os jornais, pelo próprio nome, precisam focar o leitor da cidade. Mas as televisões, como concessões públicas de longo alcance, precisariam pensar e respeitar o brasileiro de todo o Brasil.

Não pensam. Pouco respeitam. São Paulo parece não enxergar nada além do Morumbi. O Rio não sai do Maracanã. Mesmo estados renegados por Rio-São Paulo também se encastelam nas cidadelas locais. O Rio Grande do Sul tem toda razão para ficar na bronca com o Sudeste maravilha, como Minas pode se sentir discriminada pelos outros grandes. Mas pouco se faz para diminuir a distância entre eles. Imagine, então, a imprensa do Norte, Nordeste e Centro-Oeste?

Em São Paulo costuma-se falar como se só São Paulo ouvisse. Por isso é praxe o Botafogo ser chamado de "Botafogo do Rio". São as mesmas línguas que não falam "Palmeiras de São Paulo". Mas adoram falar "Cruzeiro de Belo Horizonte" ou "Inter de Porto Alegre". Precisa? Só se houvesse outro time com o mesmo nome em um mesmo campeonato, como os Atléticos Mineiro e Paranaense. Mas para distinguir o Botafogo do xará de Ribeirão Preto, nem com quatro chopes do Pingüim na cabeça seria necessário.

Sem falar no erro mais comum das transmissões de TV e rádio: jogam Palmeiras x Bambala, e só se fala dos erros e dos acertos do grande clube. Se o camisa dez bambalense driblar o time palmeirense inteiro duas vezes e fizer um gol de bicicleta dentro da área, vão dizer que foi falha da zaga paulista, não mérito do artilheiro.

A birra bairrista levou a isso. Ela foi uma praga iniciada nos primeiros anos do futebol brasileiro. Em 1913, o jornal *O Imparcial* (que não se perca pelo nome) já destacava a rixa: "A encrenca [entre Rio e São Paulo] tem um objetivo que é, hoje e sempre, saber quem são os melhores jogadores: se somos nós [paulistas] ou os cariocas". Em 1918, a publicação *Theatro e Sport* dava um pitaco: "É preciso que os paulistas, que só vêem São Paulo e o que é paulista, se convençam que a sede da CBD é no Rio de Janeiro, e que o Campeonato Sul-Americano vai ser disputado por nacionalidades e não por ligas regionais".

Os anos foram depurando e destilando o veneno. As novas gerações são mais abertas, como o próprio mercado, que importa o pé-de-obra qualificado do craque brasileiro. Não há mais como enxergar manobras de bastidores, jogadas ensaiadas de cartolas, árbitros e treinadores para privilegiar um estado. Como falar em "jogador carioca" ou "craque paulista" com a base da Seleção atuando por Milan, Real Madrid e até o Siena, que um dia, em 2004, teve mais jogadores convocados à Seleção que o Flamengo?

A imprensa esportiva precisa erradicar o bairrismo no que faz. Mas não pode deixar de sacar o sentimento que é próprio do futebol. O torcedor é caso raro de amor. Não basta apenas amar o seu time. É preciso odiar o outro. Só no futebol se pode dizer: "eu amo o meu filho; e odeio o seu". Por isso, quando o Vasco joga na Libertadores, o "Vasco é o Brasil" só nas cabines de transmissão. A maioria torce contra, como em qualquer parte do mundo. Até porque, se ele perder, só o Vasco será derrotado, não o futebol brasileiro. Ou você verá algum rubro-negro feliz da vida com o título sul-americano vascaíno? Se o Vasco enfrentar o time dos hunos, Átila será guindado à condição de Zico pelos flamenguistas.

O jornalista precisa entender isso. E se preparar para ser cobrado pela mesma equação. Se você diz que foi pênalti o lance em que o zagueiro do time do telespectador passou a peixeira no pescoço do centroavante adversário, ele vai dizer que você é tão filho daquilo quanto o árbitro. Que você torce pelo rival. Ou, mais normalmente, que você é anti-O Time Dele Futebol Clube.

O dever básico do jornalista é tentar ser imparcial e isento na mais parcial, subjetiva e passional área da imprensa. O cliente do nosso trabalho não é um mero leitor de economia, um telespectador de assuntos políticos, um ouvinte de *rock and roll*. É um "torcedor". Um sujeito passional, que só quer a razão quando ela veste as mesmas cores do time dele. Tentar agradar gregos e corintianos é impossível. Tentar ser justo, equilibrado e respeitado é como treinar o time da Samoa Ocidental para ganhar uma Copa do Mundo.

Torcer é gostar mais do seu time que do nosso futebol. O time pode trair você. Pode amaldiçoar, pode iludir, pode decepcionar, pode tudo, pode nada. Mas você vai estar sempre ali, de corpo presente no estádio, de alma atuante em qualquer lugar. Você pode trocar de profissão, emprego, paixão, cabelo, cônjuge, sexo, casa, cidade, vida. Mas não muda de time.

Entender essa paixão é um exercício racional do jornalista futebolístico. E ele também precisa exercitá-lo. Pode torcer por um time. Mas não deve distorcer por ele. Como cidadão, tem o poder de vestir a camisa que ama quando quiser. Mas, como profissional, tem o dever de tentar enxergar o futebol em preto e branco. Quer dizer, sem cor – a melhor definição. Como o jogador que é Flamengo, mas faz gols pelo Fluminense. Como o árbitro que é Cruzeiro e apita pênalti para o Atlético. Como o treinador que é colorado e dirige o Grêmio. Tem de ser profissional.

Mas não há razão de ofício que faça renegar o amor pelo time do coração. Se um jornalista troca de time ou deixa de torcer, troque de jornalista. Ou ele não entende de futebol, ou não entende de paixão.

Parece impossível falar mal do seu time e elogiar o rival figadal. Mas é prática possível com o tempo. Sou um palmeirense (atualmente) jornalista esportivo. Já fui palmeirense estudante. Professor. Jornalista de outras áreas. Só não fui e não sou um jornalista palmeirense, do tipo porta-voz do time, porta-saco do cartola do clube, porta-berro da arquibancada.

Sou um jornalista que aprendeu a vibrar com as vitórias dos rivais, e vibrar ainda mais com as vitórias verdes. Conquistas de jogadores e técnicos que agora conheço e admiro – embora alguns nem sempre mereçam a admiração e o conhecimento. Sou cada vez mais palmeirense, e, também, como nunca, mais são-paulino, vascaíno, atleticano, santista. E corintiano. Aprendi com o ofício a ver e sentir o outro lado da bola. A valorizar ainda mais o meu canto de infância.

Sou um palmeirense jornalista, não um jornalista palmeirense. Nasci palestrino, virei jornalista, vou morrer palmeirense. Um adulto que aprendeu pelo futebol as idas e vindas da vida, uma profissão de fé e de amor. Como a profissão que abraço e visto como a camisa do meu time.

## A bola, o detalhe

*A diferença entre o treinador e o jornalista*
*é que o treinador fala antes do jogo. O jornalista, depois.*

César Luis Menotti, treinador da Argentina campeã do mundo em 1978.

Quando o árbitro começa a partida, o torcedor só olha a bola: com os olhos a tira da própria área e a empurra para o gol adversário. Pouco importa se são 11 Rosemiros ou 11 Giseles Bündchen vestindo a camisa do clube. O que importa é aquela bola entrar na meta alheia. Não importa quem a chuta.

Os treinadores olham os jogadores e, por último, a bola. Os jornalistas são os únicos presentes no estádio que devem olhar para os jogadores, para os árbitros, para os treinadores, para a torcida, e, por último, se der, para a bola. Exceto o narrador (por motivos óbvios), o jogo que interessa ao jornalista não interessa a mais ninguém. A bola é um mero detalhe para o observador. Pela televisão, o que interessa ao jornalista é o que está nos cantos da tela: o posicionamento defensivo, a ação do contra-ataque, onde está o goleiro, a colocação do assistente (bandeirinha, para os íntimos). A tática, enfim, aquela chatice que pouco importa ao torcedor.

Por isso a imprensa, muitas vezes, precisa ver o jogo que pouco se vê. Por isso muitas vezes erramos aos olhos dos outros. Sobretudo quando enxergamos mais do que podemos. Ou mais do que devemos. Quando invadimos a imensa área da vida privada do atleta. Não importa o que ele faz de madrugada, o que a mulher faz à tarde, o que o gerente do banco suíço faz com o rico dinheirinho que nem 2% dos jogadores profissionais ganham – quando recebem.

A imprensa adora invadir o que não é dela. Somos todos *paparazzi* juramentados e credenciados em nome de uma suposta "liberdade de imprensa", eufemismo que, muitas vezes, significa invasão de privacidade.

Se nem sempre entramos no banheiro do centroavante do Cruzeiro, muitas vezes chutamos a alma da mãe do craque. Não dá para a imprensa publicar tudo que o torcedor quer. Ele pede para dizer que o beque do time do coração não pode ficar três anos enganando na grande área; que tal lateral sai, volta, sai, e continua no clube; que o jogador polivalente, na realidade, joga em todas por não jogar em lugar nenhum; que tem jogador que deve fazer teste vocacional.

Tem todo tipo de lamento do torcedor. Muitos consistentes, para não dizer cheios de razão. Mas ao jornalista não cabe – ou não deveria caber – o papel de julgador. Ele é crítico. Não deve sair por aí dizendo que Zé Mané não pode vestir a camisa de tal time, que Zé das Couves não pode apitar Casados x Solteiros, que João Ninguém é perna-de-pau.

Por mais que o torcedor tenha razão, por mais que o atleta, o árbitro e o técnico dêem razões para isso, o jornalista não deve cair em tentação. Uma linha de comentário maldoso (mesmo que real) pode provocar um livro de tristeza. Não só no cabeça-de-bagre. Mas no pai dele. Na mãe. No filho. Na mulher. No amigo.

A crítica sem cuidado não é só um erro jornalístico ou ético. É uma falha humana. Separar o profissional do ser humano é essencial. Profissionalizar a crítica é dever básico. O filho do jogador, a mãe do bagre-céfalo, o vizinho do perna-de-pau precisam ser respeitados. Eu não gostaria que um jogador do Internacional dissesse que eu não poderia trabalhar em uma emissora de TV. Não suportaria a idéia de um cartola afirmar que eu não tenho nível para escrever em um jornal. Ou um árbitro dizer que eu deveria fazer outra coisa na vida.

E é justamente isso que muitas vezes falamos e escrevemos. Jubilamos profissionais, detonamos pessoas, arrasamos reputações, incitamos reações violentas nas escolinhas dos filhos dos criticados – para não escrever xingados, detonados, vilipendiados, arrasados.

Nós costumamos não ter a menor responsabilidade para criticar. E nem para elogiar. Ou jubilamos ou bajulamos. Incensamos craques de araque. Catapultamos carreiras não-pavimentadas. Inflamos egos que inflamaremos na primeira canelada. Subimos e baixamos bolas e astrais sem o menor comprometimento ético e profissional. Somos tão volúveis quanto os cartolas que trocam de treinador (ou quanto os jogadores de hoje que trocam de camisa). A pressa das redações, a novidade pela novidade, a moda de criar moda, tudo não dura nem 90 minutos. Andy Warhol tinha razão quanto aos "15 minutos de fama". Mas, no futebol, eles não chegam até o segundo tempo.

O jogo fica acelerado (celerado?) por conta das pressões que vêm de todos os lados e cantos do campo. As TVs querem o jogo na hora e do jeito que elas pagam (e pagam muito no Brasil). Os patrocinadores, cada vez mais ativos para cobrir os altos passivos dos clubes, bolam jogadas de todos os tipos, dentro e fora do campo, às vezes até fora das regras do jogo; os cartolas, esses amadores que são profissionais até demais, só que pelo avesso, bolam as jogadas deles e, cada vez mais, da horda de empresários-procuradores-assessores-advogados que assolam os gramados e vestiários do mundo. As modelos-apresentadoras radicais-cantoras-atrizes-ex-bbbs-promoters-hostesses-marias-chuteiras pululam pelas tribunas ditas de honra, cavando com peito (siliconizado e cavado) e coragem o seu espaço que nós, da *míRdia*, damos de mão e outras partes beijadas. Os ascensoristas sociais encontram campo fértil nos verdes gramados brasileiros.

A imprensa não pode fugir da pauta. Mas pode modificá-la. Um jornal como a *Folha de S.Paulo* tenta fugir do ramerrão das redações, buscando o outro lado do jogo. Às vezes exagera, enxergando uma partida virtual. Mas costuma acertar no ângulo quando marca cerrado o jogo sujo dos bastidores. Os jornais específicos, pelo próprio alcance, sempre têm dificuldades. *A Gazeta Esportiva*, algumas vezes no passado, bateu bola com o poder constituído. Fez o jogo do cartola de plantão do patrão, enquanto os jornalistas da casa tentavam driblar a camisa-de-força tática imposta pelos professores da redação.

O *Lance!* tenta ser duro como a *Folha* contra o cartolismo cartorial, mas, ao mesmo tempo, tenta, como qualquer emissora de televisão, dourar a bola. Qualquer Zé Manelson que faz dois gols num jogo-treino vira Zé Manelshow e ganha a primeira página. É assim que se vende mais jornal. Mas é assim que se faz jornalismo? A resposta é dada por todos os editores de plantão de todas as redações.

– É, Mauro... Deixa de ser *naïve*. Quem paga o seu salário?

A culpa não é do jornalista. É do jornal. É do rádio. É da TV. É do *site*. Do negócio jornalístico que admite apenas a "liberdade de empresa", não de imprensa. Para o patrão, vender jornal ou vender pão é a mesma coisa. Na televisão é mais difícil ter independência para fazer jornalismo. Para se transmitir um evento é preciso ser sócio do poder constituído, de papel passado, e de passado que não se bota no papel. No rádio e no jornal, não. Por isso pode-se ser mais, digamos, "independente" no texto e na palavra radiofônica que nas imagens compradas da televisão. Não é mérito das rádios e dos jornais. Nem demérito das televisões. É apenas uma realidade comercial.

O ideal seria uma imprensa independente economicamente e, claro, politicamente. Assim como seria lindo um mundo de paz e alegria. É utopia. Mas há como melhorar. Achar um ponto de equilíbrio. Inclusive no texto e nas cores das páginas. Algo como uma imprensa paulista menos azeda, ou uma imprensa carioca menos doce. Um agridoce, estilo meio James Taylor, um morder e assoprar, um equilíbrio budista, quem sabe?

O Rio mancheta uma vitória do Flamengo sobre o Arimatéia como o "renascimento do glorioso". São Paulo mancheta uma goleada do Palmeiras sobre o Real, em Madri, como um "placar apertado". Um pouquinho mais de equilíbrio não mata. E vende do mesmo jeito. Como demonstram as emissoras de televisão de sinal fechado. A ESPN Brasil, ainda que sem grandes eventos, consegue fazer jornalismo esportivo de qualidade, muitas vezes abrindo e fechando vestiários em partidas em que não têm os direitos de transmissão, e levantando bolas espinhosas e quadradas na programação, pouco se importando com o índice de audiência, com a quantidade – mas com o nível da audiência, com a qualidade. O Sportv vestiu a mesma camisa, com algum atraso, mas com a mesma competência do concorrente, e sem as amarras de tempo e de pauta das TVs abertas (ou escancaradas).

## Programas surdos-mudos

*Nas noites de domingo eu ligo a TV nos programas de futebol para zerar o meu Q.I.*

Ruy Castro, jornalista e escritor.

Todo jornalista futebolístico é um torcedor – quem não for, insisto, pode ser jornalista, mas não de futebol. Como torcedor que foi, é, e precisará ser, ele também fica uma arara com o jornalista parcial. Com o bairrismo. Com aquele comentarista que briga com a imagem da TV. Com a desinformação sobre o seu time e sua história. Com a ironia desmedida. Com o jornalista-torcedor que não torce feito louco pelo seu time (ou que torce feito um tarado pelo outro). Com o jornalista que joga no mesmo time que o cartola. Com o jornalista que não pára de falar, ou só fala de números (*mea-culpa*). Com o jornalista que "esquece" o que acabou de falar quando os fatos desandam, ou o outro time faz o gol. Com o palpiteiro que erra feio. Com o analista que muda de comentário no vaivém do jogo. Com o jornal que só vê defeito no seu time – e só acha acertos nos times que compram mais jornais e ligam mais televisões. Com o jornalista que não assume os erros dele e dos veículos em que trabalha, do jornalista que só veste a camisa do emprego, e não da sua profissão.

Enfim, com o jornalista que faz tudo que fazemos normalmente. E com as mesas-redondas que fazem tudo isso, e muito mais, num oferecimento de um monte de patrocinadores, que lotam de prêmios os 768 entrevistados e convidados que mal conseguem dizer uma palavra – e, em alguns casos, quando dizem, era melhor terem ficado quietos.

É outro ponto que gera várias interrogações nas redações e nas poltronas. O jogador que abre a boca. Ele fala nada com nada porque nada é perguntado, ou perguntam-lhe qualquer coisa porque a resposta será uma coisa qualquer? E se o jogador fala mal, porque diabos ele vai acabar falando até o fim da vida como comentarista?

Cada vez mais ex-jogadores sabem o que fazer quando penduram as chuteiras: empunham microfones dados de graça pelas emissoras – que cada vez pagam mais caro para as estrelas de campo, que podem ter sido Pelés nas quatro linhas, mas que, na mídia, e na média, não passam de bagrecéfalos iletrados.

A solução seria equilibrar o time – o que serve para qualquer equipe em campo, e fora dele, também. Veja um exemplo: dez pessoas assistem a um jogo na sala. O zagueiro do time A esfaqueia o pescoço do craque do time B dentro da área e o árbitro dá pênalti. É possível que os dez telespectadores (teletorcedores) tenham opiniões distintas sobre o lance aparentemente indiscutível.

Mas, na televisão, por deformação do ofício, o veredicto final e irrefutável está na língua do comentarista do jogo (nem sempre versado nas regras do jogo), ou na opinião senatorial de um ex-árbitro (nem sempre atualizado nas 17 regras).

Se dez brigam (e, pela regra do jogo, têm lá suas razões, já que a regra é interpretativa e, portanto, subjetiva), por que a voz única na transmissão?

O ideal é o que pouco se faz ou já foi feito: um comentarista ex-jogador, outro jornalista. No mínimo duas opiniões, mais a do narrador-âncora, e, se for o caso, do repórter que estiver bem colocado. Dentro do possível, e sem forçar a barra em nome da polêmica inominável, com opiniões diferentes. Do mesmo jeito que o teletorcedor estará se digladiando na sala.

A presença do ex-jogador é importantíssima. Ele pode dar versões e reflexões de quem esteve lá. Sabe porque soube. Mas, claro, desde que possa acrescentar algo ao blablablá de costume. Só ter sido craque não basta. E nem precisa ter jogado um bolão. Basta se comunicar bem, e entender do riscado e do jogado. Como qualquer grande treinador bom de papo e de mídia, como Luxemburgo e Felipão, que não foram craques – muito longe disso –, mas sabem se comunicar.

Também é fundamental o distanciamento da nova função. A televisão está cheia de ex-jogadores amicíssimos dos colegas, ou inimigos figadais de desafetos. O mesmo acontece com os ex-árbitros. Estes, porém, pagam por pecados que não são deles: os árbitros em atividade os consideram "traíras", traidores da classe, ingratos; os teletorcedores conscientes os consideram corporativistas, defensores do apito indefensável; o torcedor comum continua achando que eles são uma súcia de ladrões e safados, que só trocaram o apito pelo microfone.

O problema básico, mais uma vez, é de comunicação. E das empresas que vendem comunicação. Elas contratam ex-boleiros pelo que fizeram em campo, pelo time que representaram, ou, até, pela beleza do sujeito, de olho no público da novela. O jogador polêmico também ganha cada vez mais o espaço que é perdido por jornalistas que começam do zero. O comentador-boleirão já é conhecido do público – até demais. O jornalista precisa, a cada escanteio, mostrar que estudou o esporte. É uma comparação desmedida. E injusta. Que poderia ser resolvida de um modo claro: um jornalista-comentarista analisa o jogo dando o outro lado do espetáculo, a informação qualificada, a estatística da partida, os dados que o boleirão não tem por que não quer ter, sob a luz e a inspiração da ética jornalística, dos comprometimentos com os dois lados (times) da questão; do outro lado, o ex-jogador-comentarista mostra o jogo que poucos vêem, e dá os pitacos técnicos, táticos e psicológicos de quem sabe por ter estado lá.

A discussão é longa. E antiga. Arakén Patuska, nos anos de 1940, jogador de Seleção na década de 30, foi o primeiro ex-jogador comentarista. Leônidas da Silva, na rádio Pan-Americana, no início dos anos de 1950, foi o primeiro a (re)fazer o nome. Nos anos de 1980, a prática se consagrou com craques de Seleção e até com jogadores menos votados e dotados que ganharam espaço nas TVs e inclusive em colunas de jornal e revista. Dos que sabem muito de bola, e surpreenderam pela erudição e/ou poder de comunicação, aos profetas do óbvio, que tropeçam na língua e no jogo e conseguem até empanar o muito que brilharam em campo.

O fenômeno ganha ainda mais corpo durante as Copas do Mundo. Velhos craques e outros apenas idosos ganham a mídia e os 15 dias de aparição. A reboque, estrelas da música, gente de mídia ou que faz média com os donos da moda também aparecem para comentar futebol, a Copa, a moda, a culinária... o "evento como espetáculo em nível de show a título de manifestação pós-moderna". Entendeu? Eu, não. E eles, menos ainda.

## Prorrogação e acréscimos

*Como todo comentarista esportivo que se preza, eu não preciso ver os jogos para comentá-los.*

Cacá Rosset, diretor de teatro.

O jornalista futebolístico brasileiro é um privilegiado. Enquanto se paga cada vez mais caro para receber um serviço fuleiro em um campo de futebol, enquanto se gasta cada vez mais para ver o seu time pela televisão no *pay-per-view* (que é pagar a mais pelo pacote mais caro da TV paga!, ufa!), nós, jornalistas por esporte, somos os autênticos *pay-per-view*. Pagam para a gente ver futebol. E ainda temos o direito de falar e escrever o que bem entendemos. Mesmo que mal saibamos o que vemos e o que dizemos.

De fato, deveríamos deixar os chutes para quem está no campo. Deveríamos nos comportar como o gandula que somos: o jornalista apenas está ao lado do campo. Fala com alguns jogadores, vê o jogo de perto, leva xingamento de boleiro, árbitro e torcedor, sofre com o treinador. Torce pelo time da casa, é mal pago, e trabalha todo dia de jogo. Muitas vezes, é um sujeito infantil. Noutras tantas, truculento. Quase sempre ninguém o conhece pelo nome. Se não vier trabalhar, o máximo que vai acontecer é o jogo demorar um pouco para começar. A bola, um tanto mais para aparecer. E, agora, dizem até que a função de gandula é exploração de trabalho infantil. Bobagem (para os gandulas garotos); para os jornalistas, não: somos explorados no trabalho, e somos infantis quando enfrentamos os senhores do controle remoto.

Palavra de quem não quer ser o melhor jornalista de futebol, mas o mais feliz.

Agora, uma historinha real:

– Vai chover amanhã? – perguntou o Luca, meu filho mais velho, de cinco anos.

Respondi que não tinha a menor idéia.

– Ué? Você não é jornalista? Jornalista tem que saber se vai chover.

Tenho certeza absoluta de que o Luca ainda não sabe o que faz um meteorologista – acho até que o filho de um profissional da área deve sofrer para falar o nome do ofício do pai. Mas fiquei com a certeza: jornalismo é muito mais sério do que a gente pensa. Se a gente pensar, claro, ou se o pensarmos a sério (ainda que usando uma linguagem bem-humorada).

Um jornalista precisa saber se vai chover. Se o dólar vai baixar. Quem matou quem na novela das oito. Se o Corinthians vai vencer. Se Guam é um país. Se o presidente não vai exagerar na dose e expulsar um colega de ofício se ele escrever umas bobagens.

Não é fácil ser jornalista. Não é fácil ser qualquer coisa para um filho. Como o Dani, amiguinho do Luca. Ele perguntou ao pai:

– Você é bombeiro, né?

– Não. Sou engenheiro.

– Engenheiroooo...

Nem se tivesse acabado a luz no meio do *videogame* a decepção do Dani seria maior que saber que o pai não era bombeiro; era engenheiro.

Imagino, então, o Luca. Bisneto, neto, filho, sobrinho e primo de jornalistas. E nenhum deles sabe se vai chover. Pior ainda: eles são "obrigados" a "saber" o que vai ser de cada rodada. Quem vai ser o campeão no jogo da tarde. Luca, meu filho, não fujo da raia: vai fazer sol na decisão do campeonato.

## Referências bibliográficas

AZEVEDO, Fernando. *A evolução do esporte no Brasil (1822-1922)*. São Paulo: Melhoramentos, 1930.

CALDAS, Waldenyr. *O pontapé inicial: memória do futebol brasileiro (1894-1933)*. São Paulo: Ibrasa, 1990.

DAMATTA, Roberto. *Universo do futebol*. Rio de Janeiro: Pinakotek, 1982.

FILHO, Mario. *O negro no futebol brasileiro*. 2. ed. Rio de Janeiro: Civilização Brasileira, 1964.

HELAL, Ronaldo. *Passes e impasses: futebol e cultura de massa no Brasil.* Petrópolis: Vozes, 1997.

JESUS, Gilmar M. "Os esportes e a modernidade urbana: o advento do futebol no Brasil". In: *Coletânea do V Encontro de História do Esporte, Lazer e Educação Física*: Ijuí: Editora da Unijuí, 1997.

LEVER, Janet. *A loucura do futebol.* Rio de Janeiro: Record, 1983.

MATTOS, Claudia. *Cem anos de paixão: uma mitologia carioca no futebol.* Rio de Janeiro: Rocco, 1997.

MÁXIMO, João. *História ilustrada do futebol brasileiro.* Rio de Janeiro: Ibrasa, 1968.

MAZZONI, Thomaz. *História do futebol brasileiro.* São Paulo: Ceia, 1950.

PEREIRA, Leonardo Affonso de Miranda. *Footballmania: uma história social do futebol no Rio de Janeiro – 1902-1938.* Rio de Janeiro: Nova Fronteira, 2000.

SANTOS, Joel Rufino dos. *História política do futebol brasileiro.* São Paulo: Brasiliense, 1981.

SEVCENKO, Nicolau. Futebol, metrópoles e desatinos. *Revista da USP*, n. 22, jun./ago. 1994.

WITTER, José Sebastião. *Futebol e cultura: coletânea de estudos.* São Paulo: Imprensa Oficial, 1982.

# Um jogo, muitas pizzas

## *A relação de amor e ódio entre futebol e imprensa gera confusões*

ELIAS AWAD*

Ética! A origem da palavra ética vem do grego *ethos*, que quer dizer o modo de ser, o caráter do indivíduo. Ética! Todos sabem ou mesmo pensam que conhecem a definição da palavra ética. Mas na hora de colocá-la em prática... Não há quem não titubeie. Em consulta a uma das edições e reimpressões do dicionário de Aurélio Buarque de Holanda Ferreira, pode-se constatar que a definição de ética é: "Estudo dos juízos de apreciação referentes à conduta humana suscetível de qualificação do ponto de vista do bem e do mal, seja relativamente a determinada sociedade, seja de modo absoluto".

Há também uma grande divergência de opiniões entre renomados autores. Muitos afirmam que a ética nada mais é do que a disciplina que

---

* Formado em jornalismo e em administração de empresas; trabalhou em todas as áreas do jornalismo, com maior permanência em TV. Foi repórter esportivo nas emissoras SBT, Band, Sportv e PSN. Realizou coberturas dos principais eventos nacionais e internacionais. É também escritor de livros biográficos e professor de graduação da Universidade São Judas Tadeu e da área de extensão da Faculdade Cásper Líbero.

estabelece regras de conduta para a sociedade por influência de fatores de ordem religiosa, política, econômica – enfim, ideológica. Dessa forma, o conceito tem sido usado em códigos de conduta profissional ou partidária, compostos por alguns elementos éticos que, na verdade, são conjuntos de normas que determinado grupo se dispõe a adotar.

Chamou-me a atenção também a definição encontrada numa edição especial do *Dicionário Melhoramentos da Língua Portuguesa*, em que ética é o "conjunto de princípios morais que se deve observar no exercício de uma profissão". Então, começamos a chegar no ponto em questão e de discussão. O que é ética? Onde e como deve ser utilizada? Em que ponto começa ou termina? Como avaliar uma conduta ética ou antiética?

Bem, são perguntas que não acabam mais. O mais incrível é que para a maioria delas encontraremos duas ou até três respostas: é ético, não é ético e... Depende. É difícil entender como algo tão claro em nossas cabeças possa ser tão complicado na realidade. Fica difícil até mesmo explicar por que a teoria é tão diferente da prática.

É justamente com este conceito que todos acabam por esbarrar todos os dias. Para nós, jornalistas, a ética é algo que nos atormenta de forma terrível. Diariamente, somos colocados em situações em que buscaremos a ética para tomar determinado rumo de reportagem. O fator de desequilíbrio no jornalismo é que temos de ser éticos para falar da vida dos outros. Atletas, dirigentes, artistas, políticos... todos ficam na mira dos nossos microfones, canetas e teclados.

Convivo há muitos anos com o ambiente do futebol e sei bem como é difícil transpor as barreiras da ética sem fazer vítimas ou deixar seqüelas. Na minha opinião, a melhor definição de ética é: uma porta imaginária que você deve colocar, a cada situação profissional vivida, em um determinado ponto. É como se fosse uma cancela que definisse o final da linha a ser percorrida. Ou seja, em certos momentos ou reportagens, serei ético se colocar a porta imaginária a dez metros de mim. Portanto, posso caminhar jornalisticamente por esses dez metros e dentro dos preceitos éticos. Daí em diante, se passar por essa "barreira" ou "porta", estarei sendo antiético.

Numa outra hipótese de matéria, talvez eu só possa caminhar meio metro para manter-me dentro da ética. Na verdade, acredito que a forma correta de saber se você foi ou não ético é realizar seu trabalho dentro do seu conceito sobre o tema. Chegar em casa à noite, colocar a cabeça no travesseiro e conseguir dormir tranqüilo. Feito isso, pode ter a certeza de que andou na linha ética. Se algum ponto incomodar internamente, você feriu algum conceito ético definido na sua cabeça.

## Dentro de campo

É ético divulgar que encontrou algum jogador de futebol se divertindo e tomando bebida alcoólica numa casa noturna? É ético não divulgar que encontrou algum atleta se divertindo e tomando bebida alcoólica numa casa noturna? É ético divulgar quanto ganha um jogador? É ético omitir uma informação de determinado jogador, atleta ou dirigente em nome da amizade que o jornalista tem com ele? É ético ser amigo de jogador, técnico ou dirigente? É ético pedir camisa de clube para jogador?

É ético divulgar informação incorreta sobre o interesse de certo clube por determinado jogador para beneficiá-lo na renovação de contrato? É ético exagerar na notícia? É ético minimizar o impacto da notícia? É ético divulgar as preferências sexuais do atleta? É ético aceitar convite para trabalhar na emissora concorrente àquela em que você trabalha? (E como gostamos de criticar quando um jogador ou técnico troca o clube pelo arqui-rival!)

É ético...? É ético...? É ético...? As perguntas e possibilidades não param, mas as respostas são: é ético, não é ético e... Depende. E quando se diz que "depende", é porque a dúvida é ainda maior.

Em 1999 criei um curso de jornalismo esportivo que procuro reciclar e renovar a cada ano. Incluí vários temas que se fortaleceram ou ganharam novo espaço, como assessoria de imprensa e internet, ou mesmo temas que passaram a exigir maior conhecimento do jornalista, como *marketing* e direito desportivo. São novas portas do mercado de trabalho que se abriram e também assuntos que ganharam espaço nas seções de esportes. O jornalista ultrapassou as fronteiras dos cercados. Estrategicamente, a aula que abre o curso aborda a ética. Converso e debato com os alunos esse tema.

Conto o que a ética significa para mim, como lido com ela, conto exemplos de situações em que agi em função do que considero ético, entre outras abordagens. Na última meia hora de aula, crio uma situação fictícia e pergunto aos alunos o que eles fariam, baseados na ética. É incrível como uma classe de quarenta alunos não consegue chegar ao consenso ou mesmo agir dentro de um único conceito ético.

Às vezes, entendo também que nós, jornalistas, somos os maiores culpados e responsáveis pelos antiéticos que andam espalhados por aí, ganhando espaço exagerado na mídia. Vândalos das torcidas, personagens folclóricos e polêmicos, dirigentes inescrupulosos, políticos com segundas intenções e, por que não, os próprios jornalistas aproveitadores de situações. Ou será que temos a pretensão de imaginar que entre nós só existem "santos"?

Uma situação interessante aconteceu em 2001, quando os políticos de Brasília levantaram a bandeira da CPI do Futebol. Aliás, foram duas, sendo uma da Câmara dos Deputados e outra do Senado. Desgraça pouca é bobagem. Denúncias, gritos, discursos inflamados, culpados, acusações, convocações para depoimentos... Houve de tudo um pouco.

Lembro-me de que um dos maiores absurdos aconteceu no depoimento de Zagallo, que havia sido o técnico da seleção brasileira vice-campeã na Copa da França (1998), durante depoimento na CPI, para esclarecer a cobrança de um cachê altíssimo por uma suposta entrevista que seria transformada em livro mas que não se concretizou. Um dos componentes da banca de "questionadores" começou a abordar Zagallo sobre questões táticas daquela Copa como se isso fosse da responsabilidade ou mesmo de importância para a situação.

Pois bem, o barulho da CPI do Futebol continuou em 2002. Mas tinha data marcada para acabar: nas eleições presidenciais, que também definiriam um novo quadro de deputados e senadores. Todos que exigiram a moralidade do futebol estavam ali, em defesa dos próprios partidos e com estampas dos números que deveriam ser preenchidos nas urnas. Que pouca vergonha! É por isso que aquela CPI deveria ser comemorada sempre em 10 de julho, o Dia Internacional da Pizza de Futebol.

E nós, jornalistas, como é que ficamos nisso tudo? Assistindo calados? Tivemos postura ética na condução jornalística dos fatos? Cobramos devidamente daqueles envolvidos nas denúncias? Cobramos devidamente daqueles que usaram a CPI do Futebol como trampolim político? Sinceramente, acredito que não. Assistimos a uma peça de teatro, da qual até já sabíamos o final. E que final sem graça!

## Perguntar não ofende

Pobre daquele que um dia ousou enfrentar, desrespeitar ou mesmo desprezar a força do futebol. É impossível. Lembro-me de que em meu início de carreira parti para o jornalismo esportivo eclético. Falava de todos os esportes, menos do futebol. Confesso que foi um grande atalho para abrir oportunidades no jornalismo. Só que, num determinado momento, não falar de futebol incomoda e atrapalha. E será que no Brasil existe algum jornalista esportivo que não entenda de futebol? Impossível!

Pois bem, entendam que conhecer só futebol não basta para se qualificar como um jornalista esportivo, a meu ver. Aliás, não se esqueçam de que, antes de mais nada, o sujeito é um jornalista e se tornou esportivo, político ou econômico por opção. Mas se tiver oportunidade de registrar um fato ou acontecimento importante, mesmo fora da área em que atua, registre-o.

É preciso entender um pouco de tudo, e, principalmente, pesquisar e preparar-se, especialmente quando o assunto em questão não é o que você mais domina. Mas são formas de trabalhar completamente distintas, assim como distintos são os receptores das informações. O futebol exige uma visão mais globalizada do esporte. Dia-a-dia de clubes, de jogadores, da seleção, dos campeonatos europeus, das últimas conquistas, dos próximos jogos, as próximas competições etc.

É preciso estar antenado em tudo, mesmo que não seja diretamente relacionado ao tema da matéria. É comum em horas ou minutos depois da entrevista que acabou de ser feita ocorrer algum fato que mude o rumo ou mesmo a pauta da matéria. Isso também mostra que o futebol é muito desgastante e asfixiante para jornalistas. Acredito que, hoje em dia, pelo menos 95% das informações que o futebol provoca são factuais e descartáveis.

Se um técnico é demitido, imediatamente começam as especulações – malditas especulações, nas quais qualquer indício ou coincidência de fatores pode criar uma notícia nova. "Caiu o João"... "Para o lugar dele, pode vir o Zé, o Mané ou o Josué"... "De última hora surgiu também o nome de Fulano, que acaba de ser demitido"... "Lá na Argentina dizem que o Ciclano também foi sondado"... "Atenção, informação em primeira mão: como já adiantamos ontem, o Zé foi mesmo confirmado como novo técnico do...". Perceberam quantas novas informações foram criadas com base em uma única notícia? Voltaremos a falar do factual um pouco mais adiante.

Nos outros esportes não é bem assim que funciona. Até pelo pouco espaço que ocupam, as notícias e reportagens sempre ficam restritas diretamente a uma pauta específica. Exemplos: se o judoca ou nadador, por exemplo, ganhou uma competição, se ele parte ou volta da disputa de um torneio, se ele está em período de treinamento, se ele se recupera de contusão. Mas, depois dessa(s) matéria(s), sabe-se lá quando o mesmo atleta voltará a receber atenção. A não ser que se torne um fenômeno como Gustavo Kuerten. Em 1997, o tenista ganhou o primeiro título em Roland Garros. Daí em diante passou a estar obrigatoriamente nos noticiários todos os dias.

Muitos alunos me perguntam: "Por que o futebol tem muito mais espaço do que os outros esportes na mídia?". Acham até injusto e uma falta de respeito dos meios de comunicação com os outros esportes. Concordo em parte. Duvido que se o badminton, o golfe ou mesmo o hipismo – apenas como exemplos hipotéticos – dessem mais ibope do que o futebol eles não teriam seus torneios transmitidos pela TV Globo três vezes por semana em horários nobres.

Não é justo que apenas os meios de comunicação levem a culpa pelo desprezo em relação aos outros esportes. O leitor-ouvinte-telespectador-internauta também deve ser incluído no processo e responsabilizado. Será que a audiência de uma transmissão de futebol ao vivo, pelo rádio ou TV, seria a mesma que entre duas equipes de handebol, vôlei ou basquete?

Nenhum jogo entre as melhores equipes de qualquer outra modalidade despertaria mais interesse que uma partida entre Palmeiras x Corinthians, Flamengo x Fluminense ou mesmo São Caetano x Guarani – não é uma forma de menosprezo, mas uma escolha entre equipes com menor número de torcedores. A transmissão de um evento esportivo que envolva esporte olímpico ou amador só ganhará pontos de audiência se o uniforme for verde-amarelo e envolver disputa de título ou medalha.

Então, os meios de comunicação oferecem o que os consumidores de notícia querem. Ainda no mesmo raciocínio, qual jornal venderia mais? Qual *site* seria mais acessado? Aquele com Ronaldo "Fenômeno" na primeira página ou com o ganhador da São Silvestre? E é justamente o futebol, objeto que causa dor, ódio, alegria, tristeza, irritação, descontração, alívio e, por vezes, grandes discussões entre maridos e mulheres, namorados e namoradas, amigos, familiares e parentes, que se tornou o carro-chefe da mídia esportiva. Pelo menos, com relação à TV, o espaço para a divulgação e transmissão de outras modalidades aumentou com o lançamento dos canais a cabo.

Você já deve ter escutado a seguinte indagação: "Quem está errado: os jornalistas que sempre perguntam as mesmas coisas ou os jogadores e técnicos que sempre têm as mesmas respostas na ponta da língua?". Na verdade, ambos erram em suas posições. Nós, jornalistas, devemos ser cautelosos na hora do trabalho. A grande "arma" ou instrumento de trabalho do jornalista é o direito de poder perguntar. Se o profissional sabe fazer bom uso disso, com certeza será um jornalista de destaque.

Mas só sabe perguntar com conteúdo aquele que se dedica ao trabalho. Que chega ao local da entrevista e busca tirar e descobrir tudo o que, jornalisticamente, pode ser agregado ou transformado em notícia.

Aquele que possui uma visão periférica do ambiente e não despreza os mínimos detalhes que podem ser o diferencial da matéria. Muitas vezes, o ponto da matéria está fora do foco principal da notícia.

Isso vale para qualquer tipo de mídia e dará qualidade tanto ao texto impresso quanto à busca da melhor imagem para a TV e do improviso no rádio. Tenho certeza de que o jornalista que está sempre em busca de tirar o melhor da matéria conseguirá também extrair mais do entrevistado. Fará perguntas que exijam reflexão e raciocínio da pessoa.

Se mesmo assim as respostas forem vagas, lave as mãos. Tenha pelo menos a certeza do dever cumprido. E você contará com o apoio do leitor-ouvinte-telespectador-internauta, que sabe bem avaliar quem é que negou fogo na relação entrevistador-entrevistado. Ou será que você é daqueles que gosta e acha certo perguntar ao campeão: "Você está feliz com o título?" E ao vice: "Você está triste com a perda do título?" Perguntar realmente não ofende. Quanto à pergunta malfeita, não se pode dizer o mesmo.

## Mais *ela*, menos *ele*

A cada dia que passa é notório o distanciamento que a imprensa tem do mundo do futebol. Cada vez menos temos acesso aos jogadores e técnicos e aos "escândalos" que envolvem a modalidade. As matérias especiais são cada vez mais escassas. A imprensa recebe apenas a "borra", o lixo da informação. Claro que a imprensa também é culpada por merecer esse tipo de tratamento, pois ela jamais se impôs perante o futebol. Aceita passivamente as regras e busca enquadrar-se nelas.

O futebol tem a força, mas a imprensa não fica atrás. Aliás, é ela que dá força ao futebol. Claro que existe uma supervalorização dos técnicos, em especial em São Paulo. Por isso é que eles passaram a escolher dia e período para dar entrevistas. Numa determinada ocasião, acabei por fazer matérias no Corinthians, coincidentemente, na sexta à tarde e também no sábado de manhã.

O técnico era Carlos Alberto Parreira, o mesmo que teve passagem vencedora e marcante no clube. Na sexta-feira nos atendeu, como sempre, gentilmente. Na coletiva do sábado de manhã, antes de iniciá-la, ele teceu o seguinte comentário: "Deixe-me tirar uma dúvida. Vocês estavam ontem aqui e perguntaram uma porção de coisas. Agora, estão todos, os mesmos veículos de imprensa, presentes novamente. O que é que vocês acham que aconteceu de tão importante de ontem à noite para hoje de manhã?"

Sabe, aquilo me levou a refletir se realmente era tão importante a cobertura daquele treino. O que o "professor" Parreira falaria de tão diferente em tão pouco espaço de tempo? É justamente aí que a mídia peca no futebol. Por asfixiá-lo. Por querer tirar do treinador algo que, naquele momento, não pode dar. Entendo que falta criatividade no nosso jornalismo esportivo. Digo isso com muita convicção e tranqüilidade, pois sou ferrenho defensor da qualidade.

Não há país no mundo que possua uma imprensa tão algoz, de instinto investigativo e competente como a nossa. Basta participar de eventos internacionais para constatar o "baile" de cobertura que damos. Mesmo assim, entendo que nos asfixiamos na obrigatoriedade de "ter de estar lá". Do tal "não me pergunte o que vim fazer hoje no treino, só sei que me mandaram para cá".

Isso cria um desgaste incrível entre a imprensa e o meio do futebol. Em especial, com os setoristas, aqueles que cobrem sempre o mesmo clube. Basta uma crítica a determinado atleta que o relacionamento fica estremecido. E quando acontece a velha história: "Não foi bem isso que eu quis dizer. Vocês, da imprensa, é que distorcem tudo". Há casos e casos... Na maioria das vezes eles justificam o desabafo contra o técnico, o companheiro ou dirigente como equívoco de interpretação do entrevistador.

Ora, bolas. Acredito que chegou a hora de o jornalismo esportivo tratar o futebol de forma mais profissional e menos passional. De ser mais real e menos fictício. De ser mais criativo e menos burocrático. De ser mais diversificado e menos monótono. De parar de inflar egos e criar monstros que passam a destruir e menosprezar a imprensa. Precisa ser mais *ela*, imprensa, e menos *ele*, o futebol.

A imprensa se sujeita a todas as exigências impostas pelo futebol. E a cada dia elas aumentam. Muitas vezes, o futebol até cria novos assuntos para despistar ou mesmo fazer que a imprensa deixe de lado o tema que era abordado até o momento. Um exemplo disso é a aparição de dirigentes polêmicos em treinos.

Vamos supor que uma seqüência de derrotas da equipe seja o assunto do dia. Todos os jornalistas presentes aguardam o final do treino para direcionarem perguntas nesse sentido. Pois no meio do treino aparece o tal dirigente e critica a fórmula de disputa da competição. Já é o suficiente para que todos comecem a explorar o "novo" assunto e esqueçam-se da pauta anterior. A necessidade que a mídia tem de novidades faz que ela mesma troque e elimine os assuntos prematuramente. É uma forma de passionalidade.

## Todos por um

O que se percebe hoje é uma certa perda da identidade entre os veículos esportivos, principalmente na cobertura do futebol. O rádio invadiu de vez a TV. A internet ainda busca identidade para a linguagem. O rádio, quem diria, por vezes esquece o que tem de melhor, que é a velocidade e a agilidade, e tenta copiar a TV. Quanto ao jornal impresso, acredito que ainda seja o meio de comunicação que mais segue à risca o seu propósito.

No geral, porém, é um tal de correr para qualquer lado e bater cabeça – algo que jamais existiu no jornalismo, em especial no esportivo. E será que o futebol permite, na grande maioria das vezes, algum tipo de ineditismo ou informação exclusiva nos dias atuais? O pior pecado da nossa mídia é desprezar as raízes. Em conversas com jornalistas do passado, eles se mostram perplexos com o que tem ocorrido.

Há até uma certa prematuridade no lançamento de novos jornalistas no mercado. A renovação é importante e não deve ter limites. É importante uma mescla de gerações, que acabam por trocar experiências. Os mais antigos passam a maturidade do trabalho e os mais jovens trazem a reciclagem da profissão. São as novas gerações que forçam mudanças na mentalidade dos mais experientes e que os deixam cada vez mais completos. O que não dá é para fazer uma cobrança excessiva em cima daqueles que iniciam na profissão e que têm sido colocados à prova de fogo ou numa verdadeira fria.

A palavra para o jornalista é o meio de se comunicar. Torna-se também uma "arma" que deve estar sempre "na cintura". Se utilizada de forma indevida, poderá fazer vítimas. Quem são as vítimas? Nossos telespectadores, leitores, ouvintes e também entrevistados. Mas não se esqueça de que você também poderá tornar-se vítima da própria irresponsabilidade. O futebol é um assunto de domínio público e que não permite erros. Dificilmente ele dá uma segunda chance a quem erra.

O nível de entendimento do assunto por parte dos receptores das informações é tão alto que os erros interferem diretamente na credibilidade do jornalista. Com o erro, deixa-se de inspirar confiança, segurança em quem passa a informação.

## Sorria, você está sendo filmado!

O sujeito vem para a entrevista coletiva de cara amarrada. Mal dá bom-dia aos que estão aflitos pelo início da entrevista coletiva. Eis que, ao fundo, se acende uma luz. Por que não uma luz no fim do túnel? Sim, o iluminador de determinada TV prepara o ambiente para conseguir a melhor imagem. O entrevistado, sem mais nem menos, mostra os dentes. Sorri. Esbanja simpatia. Sabe que logo estará ao vivo e que a entrevista será acompanhada por muita gente.

Sabe como é... Imagem é tudo! Isso dá um certo ar mentiroso ao futebol. Como dissemos, a relação do esporte com a imprensa é tensa. E por que, então, tentar mostrar uma relação que não existe? Que é parte do "espetáculo"? Sabe aquela do "você finge que é meu amigo e eu finjo que agrado você"? E por falar em espetáculo, entendo que alguns segmentos da mídia tratem realmente o futebol como tal e não como assunto jornalístico.

A exigência parte da própria cúpula e direção do veículo. Apesar disso, temos competência profissional para fazê-lo. E qual seria o motivo? O *marketing*. Interesses econômicos fazem que o futebol seja tratado como negócio. Até compreendo que, na maioria dos ângulos em que olhamos para o futebol, tenhamos essa visão. Mas essa não é a visão da mídia. Quero dizer, não era.

Depois de se pagar mais de duzentos milhões de reais – algo em torno de setenta milhões de dólares –, para transmitir o Campeonato Brasileiro de Futebol de 2004 (isso sem contar com o custo operacional do evento – produtora ou geração de imagens, viagens, hotéis, diárias etc.), houve uma mudança de foco.

É como se você fosse vender seu carro usado. A quilometragem apresentada significa que o carro já está amaciado. A média da quilometragem rodada por ano mostra que o carro mal saiu da garagem. É de casa para o trabalho. E ainda a maior parte da quilometragem foi rodada em estrada – o velho golpe. Os amassadinhos? Bobagem. Preferi não mexer para não descaracterizar a pintura original. Os pneus estão seminovos, apesar de calvos.

Quero mostrar que na hora de vender o produto tudo é lindo e maravilhoso. E é exatamente isso que alguns veículos têm feito com o futebol. Aqueles que ainda procuram mostrar a realidade com certeza não pagam nenhum tostão para fazer a cobertura ou a transmissão dos jogos. Quando isso acontecer, acredito que também pularão para o barco daqueles que só enxergam o lado bom do futebol.

Por enquanto, apenas a TV paga para transmitir os eventos. A emissora que paga, aliás, já cria regras e restrições às concorrentes. Não acho que esteja errada. Por que pagar tanto e dar à concorrência as mesmas condições de luta? Você paga pelo evento e a concorrente mostra o gol antes mesmo que tenha condições de apresentá-lo em sua emissora.

Leis do mercado. Com elas é possível privilegiar o investimento. A própria Olimpíada de Atenas serve de exemplo. A distribuição de credenciais foi extremamente criteriosa. O objetivo foi o de evitar a cobertura do evento por meios de comunicação que não pagaram para ter esse direito. Em contrapartida, o poder econômico passa a ser preponderante e desleal na luta entre as empresas do setor. Cria-se um certo monopólio da informação. Mas o rádio, o jornal e a internet, ah, eles não tardam por esperar. Logo também terão que comprar os direitos de transmissão e cobertura.

## "É culpa da imprensa"

É incrível como no futebol nem tudo o que parece realmente é. O que quero dizer? Quando você jura que depois de tomar determinada atitude certo jogador jamais vestirá a camisa daquele clube, quebra a cara. Basta que seja uma boa oportunidade para ambos e o clube recontrata o jogador. A volta do colombiano Freddy Rincón ao Corinthians, em 2004, pode ser um bom exemplo. O dirigente solta os cachorros e cobra ética daqueles que dirigem o outro clube por fazerem a proposta ao jogador antes de comunicá-la ao empregador.

Imagina-se, então, que ele jamais adotará a mesma postura. Passado um tempo, lá vem o dirigente de um outro clube cobrar postura ética daquele que no passado posou de santo. Na relação entre São Paulo e Corinthians existem várias situações assim. O atleta e o dirigente juram de pés juntos que não existe a menor possibilidade de o jogador ser negociado com outro clube ou país. O empresário do jogador engrossa o coro. E não é que logo depois é marcada uma entrevista coletiva para oficializar o negócio? E todos ainda sorriem e dizem que esconderam tudo da imprensa para a negociação "não melar ou ser atravessada".

É por isso que a imprensa é chata. Cutuca e investiga até encontrar a verdade. É uma "guerra" de ação e reação. Um jogo cheio de estratégias. Vence o mais forte, inteligente e perspicaz. Então, não duvide ou acredite em tudo o que se ouve no dia-a-dia das coberturas esportivas. Receba todas as informações e confirme-as. Ligue para as suas fontes e procure verificar o que acontece. Aliás, ultimamente, a imprensa é responsável pelas derrotas, pênaltis perdidos, substituições erradas; por interpretar de forma distorcida as críticas de jogadores aos técnicos, dos técnicos em relação aos dirigentes...

Quem não se lembra do caso Palhinha x Telê Santana? O jogador teceu críticas ao técnico e depois acusou a imprensa de distorcer o sentido da entrevista. Esse talvez seja um dos mais famosos casos entre tantos outros semelhantes que acontecem no futebol.

## Maldito factual

Embora já tenha sido citado no texto, o factual merece um espaço reservado. Acredito ser ele o grande culpado ou vilão da mesmice do jornalismo esportivo atual e das coberturas de futebol. A preocupação com o passo-a-passo dos acontecimentos é tão grande que nos esquecemos de empregar a qualidade na informação. Esquecemo-nos de dar subsídios aos receptores para que participem do processo.

Não basta apenas, por exemplo, relatar todos os detalhes entre o início e o fim de uma negociação com um atleta ou apenas a notícia de um amistoso da seleção. É preciso passar algo que leve o leitor-telespectador-ouvinte-internauta a refletir e enriquecer-se culturalmente. Fazer retrospectos, históricos, comparações, projeções, prospecções, falar de economia, geografia... Informar e ensinar, para que as pessoas possam formar opinião própria. Para que possam se posicionar.

A matéria deve ser inteligente, pensada, pesquisada, elaborada; e também deve deixar algum tipo de mensagem. Antes de produzir a matéria, é preciso analisá-la. Enxergar, entre todos os caminhos e possibilidades aparentes, qual o melhor enfoque a ser dado. O futebol tem muito mais a oferecer ao público do que a simples divulgação de uma escalação ou mesmo de um esquema tático. Não se deixem influenciar pela mesmice.

Por causa do "maldito factual", as informações não cumprem todas as etapas complementares. São elas: início, meio e fim da informação. Às vezes a informação é dada apenas no início sem que tenham meio e fim. Em outras oportunidades, falamos do início, do meio e não informamos o fim. Há ainda situações em que nada falamos do início e mesmo assim contamos o meio e o fim da informação. Acontece que, entre uma etapa e outra, o factual acaba por criar uma nova informação que se mostra mais relevante naquele momento.

Bons exemplos disso são informações de preparação, disputa e resultado de uma atleta ou equipe. E com toda a velocidade e agilidade atual da mídia, a perspectiva é que seja um processo irreversível. Por isso é que o factual deixou de ser aquele que se preocupava com o "hoje" da informação e passou a explorar o seu "agora". Não há espaço dentro do factual para passado e presente. Apenas a informação momentânea é levada em consideração. Imagine então a força do "factual" como dominador na mídia. Isso numa época em que um jornal impresso, horas ou mesmo minutos depois de sair nas bancas, já tem "cheiro de notícia velha".

## Lavagem cerebral

Regras de conduta, manuais, estilos, fórmulas. Nada disso existe no jornalismo. No exercício da profissão, não existem regras, mas exceções. Não dá para estereotipar um entrevistado ou matéria. Dizer, por exemplo, que "nos clubes da primeira divisão trabalho assim", "Com os zagueiros faço determinado tipo de entrevista", "Com os técnicos procuro seguir tal caminho", "Nas entrevistas com dirigentes procuro agir de tal e tal maneira...". Tudo isso é balela, papo furado.

Assim, podemos ver como é maravilhosa a profissão de jornalista. Não existe monotonia, repetição, rotina. Nem mesmo se você tiver de estar por repetidos dias no mesmo local ou com o mesmo entrevistado. Mudam o ambiente, os estados de humor e espírito – tanto os seus quanto os dos entrevistados –, o enfoque, a imagem, a palavra, o som, o clima. Tudo muda de um dia para o outro, até mesmo em horas ou minutos.

Mas para experimentar o jornalismo esportivo você tem de acompanhar as mudanças, principalmente as que ocorrem dentro da sua cabeça. Se antes mesmo de chegar ao local você já começar a enxergar e montar um preconceito do que vai estar ou encontrar por lá, sua matéria tende ao fracasso – ou a ser mais uma entre tantas outras.

Faça uma lavagem cerebral. Chegue ao local da entrevista como se nunca tivesse estado ali ou mesmo falado com os entrevistados. Mesmo que seu destino seja o centro de treinamentos do Corinthians, do Palmeiras, do São Paulo, do Flamengo, do Vasco, do Cruzeiro, do Grêmio, da Seleção Brasileira. Faça a matéria em cima do que aquele dia de produção e trabalho permitiu.

Para o jornalista, leitura é matéria-prima. Aumenta o vocabulário. Quanto mais o profissional ler e conhecer assuntos diversos, mais caminhos sólidos e seguros encontrará para realizar a matéria. Não digo apenas de uma leitura centralizada na área. Chamo de leitura o hábito de consumir informação. De saber o que acontece ao redor. De receber todo o movimento da informação de fora para dentro do conhecimento. É preciso entender que conhecer só o que se faz não basta. Uma informação de outra área poderá interferir diretamente em seu trabalho. Novidades que envolvam política, economia, entre outros assuntos, provocam reações, causas e efeitos no esporte. Saber enxergar e interligar essas mutações é fundamental.

Outro ponto importante: independentemente do assunto para o qual você foi designado a cobrir, faça o melhor que puder. Não importa se a sua matéria ou participação no departamento ou equipe seja A, B, C ou Z. Pense sempre que o assunto ou função mais importante do jornal ou transmissão ou mesmo da equipe é o seu. Não digo isso para inflar seu ego, mas para que você possa tirar leite de pedra.

# O discurso esportivo

## *Por um equilíbrio possível entre o distanciamento olímpico e a linguagem emocional*

José Eduardo de Carvalho*

1. O Brasil venceu a Checoslováquia, na partida decisiva para a conquista do título de campeão mundial de futebol, com a mesma tranqüilidade que exibiu nos outros jogos. Confiante na qualidade individual de seus jogadores, os responsáveis pela Seleção parecem ter orientado a tática do jogo de acordo com o que fora previamente traçado por ocasião das primeiras partidas: jogar com calma e tranqüilidade, aproveitando as falhas do adversário.

2. A velha fábrica e o grande Domingos da Guia são o orgulho de Bangu. Divididos pela linha do trem, ainda assim eles dão contornos à imagem do subúrbio; a fábrica, a matéria; Domingos, o espírito. Ninguém conhece a rua Sul América, mas todos no subúrbio conhecem a rua do Domingos.

Os dez anos que separam os textos acima e a linguagem própria dos veículos de imprensa que os publicaram, um jornal e uma revista,

---

* Foi repórter, redator e editor de esportes do *Jornal da Tarde*, correspondente internacional do Grupo Estado em Madri, correspondente no Brasil do *Diário* AS, da Espanha; colaborador de várias publicações esportivas, editor-chefe da PSN Sports no Brasil e professor de cursos de especialização em Jornalismo do Senac-São Paulo.

não bastam para ilustrar as diferenças de narrativa. Entre um e outro há mudanças de concepção e de espírito. O discurso correto mas prosaico e documental do primeiro (*O Estado de S. Paulo,* 19/06/1962) era a marca de um longo período de jornalismo esportivo em que o profissional funcionava mais como uma testemunha. Não havia praticamente televisão ao vivo, o espaço nos jornais era reduzido e a massificação ficava limitada aos conceitos impressionistas passados pelo rádio, então o grande veículo de comunicação para o esporte, especificamente futebol.

Foi uma época de abnegados que escreviam e falavam sobre um tema apaixonante, ainda que pouco valorizado, com um olhar cartorial e sem nenhuma opção de ousadia porque os tempos não permitiam esse luxo para aqueles lados da redação. Mesmo nas grandes ocasiões, como uma final de Copa do Mundo, era aconselhável à classe média das redações não complicar com grandes vôos lingüísticos, missão reservada aos clássicos cronistas do esporte.

O segundo fragmento (edição 137 da revista *Placar*, de 27/10/1972) representa uma sinalização para as décadas seguintes, uma imersão no mundo que exigia conexão com as emoções do jogo e com a faceta humana dos ídolos, mais além das técnicas esportivas e da glória momentânea. Contavam-se histórias, mesmo a de um astro aposentado como Domingos da Guia, com um propósito de aproximação, um bote para trazer o leitor para dentro da reportagem.

Foi o caminho encontrado na passagem dos anos de 1960 para os anos de 1970, e representou uma espécie de vingança para a mídia esportiva, durante tanto tempo tratada como subjornalismo – da mesma forma que o esporte era visto como subinstituição. Era o momento de o jornalista esportivo marcar posição na estrutura das redações, ao lado do especialista em política ou economia, com a vantagem de estar muito mais próximo do público. E uma oportunidade, além do quê, de valorização profissional.

Como a linguagem jornalística esportiva no Brasil nunca teve uma escola definida e, portanto, não havia um receituário específico para a elaboração do discurso, a criação de uma estética própria dependeu muito da convivência com a obra dos cronistas, de uns poucos exercícios acadêmicos e de uma inevitável fase de tentativa e erro até que algo original fosse criado.

Os exemplos de pioneirismo haviam ficado num passado muito remoto, como o de Mario Filho, que desenvolveu em *O Globo*, nos anos de 1930, um estilo de narração, transportado depois para o *Jornal dos Sports*. Retratou a passagem do futebol amador para o profissional e comandou a corrente que começou a modernizar os termos importados do futebol inglês – *centerfoward*, *goalkeeper*, *corner* –, moldando uma forma brasileira de enxergar o jogo, um estilo que perdurou por 30 anos.

Veio dos tempos de Mario Filho a inspiração para muitos cronistas, com Nelson Rodrigues à frente. A crônica, esta sim, já tinha uma história, que corria numa freqüência paralela à do jornalismo esportivo, mas quase toda voltada ao futebol, desde as incursões de Oswald de Andrade até chegar a Antonio de Alcântara Machado, Paulo Mendes Campos, Vinicius de Moraes e, mais tarde, a João Ubaldo Ribeiro e Chico Buarque, para citar uns poucos.

## Mídia para a massa

Mas a seara da crônica tinha ligação relativa com a narrativa jornalística do dia-a-dia, que sofreu o impacto da explosão dos meios de comunicação de massa na década de 1960 e precisava de um novo caminho. Nesse período de reformulação, por isso, o discurso esportivo compartilhou por algum tempo formas de comunicação com outros setores do jornalismo, importou imagens e metáforas, adaptou situações mesclando português castiço e neologismos. E sofreu as conseqüências, como sofre até hoje, de não existir uma norma culta do idioma esportivo. Daí a necessidade de experimentar, corrigir, desbravar.

No final do processo descobriu-se que, para o grande salto, não era preciso reinventar a roda. Bastava reunir método e reflexão e enfrentar os inimigos morais do jornalismo esportivo dentro e fora das redações. Revelou-se que o básico, em matéria de esporte, era atraente e, portanto, exigia uma linguagem cristalina, direta, nunca banal. O idioma podia ser uma preciosa arma para radiografar o esporte, sua eficácia na formação do caráter, seu peso socioeducativo, suas características como instituição: autoconfiança, autodomínio, resistência, trabalho em equipe, convivência, companheirismo, nobreza e respeito às normas. Era possível e necessário conversar sobre isso com o leitor e também sobre as contrapartidas – oportunismo, violência, *doping*, cartolagem venal, manipulação do esporte, utilização demagógica como panacéia para problemas sociais que os poderes público e privado não conseguiam resolver em setores como educação e segurança.

No que diz respeito à responsabilidade e capacidade individual, era fundamental definir para o jornalista esportivo algumas missões:

- Estabelecer um pacto com o texto correto e com as coerências sintáticas, corrigir déficits de formação gramatical, estudar e valorizar a língua;
- Desenvolver uma retórica própria, com estilo, mas maleável, que incluiria capacidade de adaptação aos diversos públicos e veículos de comunicação, sem se esquecer da tonalidade universal que o esporte contém;
- Demonstrar pela linguagem a mesma paixão dedicada ao esporte.

## Estímulo e ousadia

Como conseqüência da evolução do cenário, uma formuleta balizou ao menos duas gerações de profissionais, respingando em outras tantas: o bom texto começava na pauta pesquisada e discutida, que estimulava a reflexão desde o início do processo, e já não era obra solitária de um talento especial tanto em uma ponta (a idéia) como na outra (a produção). Para completar, era preciso incluir algum traço de ousadia – na pauta, no texto ou em ambos –, que funcionasse como antídoto à preguiça e ajudasse a fugir dos estereótipos. Era efetivamente um método, que estabelecia o rumo sem limitar a criatividade.

Esse foi o auge do período em que o jornalismo esportivo virou o jogo e passou a exportar terminologia e formatos de cobertura para as editorias ditas mais "sérias", com sua capacidade de sintetizar emoções e principalmente com seu poder lírico de potencializar façanhas – o que o espanhol Jesús Castañón Rodríguez, um especialista no idioma do esporte, chama no site *Idioma y Deporte* (www.idiomaydeporte.com) de "leis psicológicas da redação esportiva": a esquematização dos acontecimentos, a dramatização dos personagens e a variação cíclica do interesse.

Até nas situações mais corriqueiras o esporte tinha ferramentas para conversar melhor com quem estava do outro lado do fato, de forma mais direta e abrangente, ainda que com um arsenal de bordões. Na editoria de economia, um "peso-pesado" da indústria naval estava em processo de falência, depois de ser o "número 1"; na política, a "marcação homem a homem" das lideranças do governo no Senado apressava a votação de uma emenda; no cenário internacional, um chefe de estado era envolvido no "jogo de poder" pelos aliados ou "jogado para escanteio" pelas nações do Ocidente; um determinado dirigente "mexia suas peças" para aprovar uma moção de apoio que levaria seu país a crescer no "*ranking*" das nações socialmente comprometidas.

> Existem semelhanças estruturais entre a arena política e o campo de jogo desportivo, entre as equipes e os partidos políticos (com seus capitães e líderes), entre as regras do jogo, os cerimoniais, as ideologias [...]. Trata-se, no esporte, como na política, de uma competição por meio de delegações, representantes interpostos entre classes ou grupos sociais que aceitam um terreno comum de disputa e concordam, segundo certas formalidades institucionais, na designação do melhor, do mais forte ou do majoritário. (Brohm, 1985)

Foi uma pequena revolução na linguagem, com a devida licença histórica, e marcou a passagem do jornalismo esportivo "mecanizado" para o "humanizado". Nas palavras de um genuíno representante dessa transformação, o jornalista Sérgio Baklanos, o esporte nos anos de 1970 "saiu da cozinha para a sala de estar". A trilha da humanização foi criada e seguida por diários como o *Jornal da Tarde*, em São Paulo, o *Jornal do Brasil*, no Rio, e, por algum tempo, pela *Zero Hora*, de Porto Alegre, além da já citada revista *Placar*.

O modelo ganhou força e, com variações mais ou menos requintadas quanto à linguagem, norteou grande parte da cobertura esportiva da imprensa de uma forma geral – inclusive da televisão – nas duas décadas seguintes. Ajudou também a formar profissionais que, até hoje, bravamente, não pararam de pesquisar e de correr atrás do discurso adequado, em uma língua com pouquíssima literatura nessa área para oferecer.

## Construção do modelo

Com a humanização – que não excluiu os formatos clássicos de narrativa esportiva, e sim os aperfeiçoou –, a tradução do evento/cenário/personagem do esporte foi ganhando primeiro um contorno, depois um estilo. Para conversar sobre todas as simbologias e construir o modelo de comunicação, ficou estabelecido que era necessário seguir alguns rituais, objetivos ou analíticos:

- Dados históricos, aritméticos e comparativos: os últimos enfrentamentos entre as equipes (vôlei, basquete, futebol etc.); os personagens que estiveram frente a frente nas outras vezes; a evolução dos recordes (atletismo, natação, fórmula 1); balanço estatístico dos últimos confrontos (tênis, vôlei, basquete);
- Coincidências e tradições: tabus que perseguem ou ajudam equipes e atletas; o reaparecimento de uma estrela depois de um largo período de inatividade em função de um problema físico, administrativo ou psicológico; tal time que está há tantos jogos sem perder ou sem sofrer gols; tal atleta que vem de cinco derrotas consecutivas para o mesmo rival nos grandes prêmios de atletismo e outros esportes ditos individuais;

- Descrição das capacidades e características físicas dos envolvidos: tamanho, peso, especialidades, vulnerabilidades, potencial de liderança, aflições, inseguranças;
- Papel do corpo técnico (treinador e auxiliares): elaboração da estratégia para a competição; trabalho individual e coletivo; material didático, vídeos, conferências, mecanismos de auto-ajuda, preleções, disciplina, aplicação de dados estatísticos;
- Aproximação com o indivíduo: perfis de "interesse humano", o atleta em sua casa, ao lado de esposa e filhos; a mãe que batalhou pela carreira do garoto pobre da periferia; a fundista sem nenhum tipo de apoio que fazia seu treinamento nas ruas de sua cidade no interior com um velho par de tênis; a garota de classe média que superou uma tragédia familiar com a ajuda do esporte; os casos amorosos dos astros, suas preferências musicais, a vida noturna ou regrada; o papel da religião;
- Preparação do drama: a luta por uma vaga no time titular durante toda a semana; declarações/provocações dirigidas aos adversários ou aos árbitros; manifestações de respeito entre atletas de mesmo nível ou provocações entre velhos inimigos; desafios públicos com efeito motivador; o comovente esforço de um atleta para recuperar-se de uma contusão de última hora;
- Influência do cenário: descrição do campo, ginásio, pista, quadra, piscina; a movimentação pré-disputa, deslocamento de torcidas, infra-estrutura de transporte e alimentação, mobilização policial, "cor local", preço dos ingressos; últimas providências, os rituais nos vestiários, expectativas e tensões; o anúncio oficial das equipes (futebol), mudanças de estratégia na última hora (fórmula 1, vôlei, atletismo);
- Personagens indiretos: os cartolas e políticos nas tribunas; celebridades eventuais, que torcem por algum dos times ou têm relação com este ou aquele atleta; familiares acomodando-se no ginásio ou estádio, suas demonstrações de angústia e euforia; contrastes entre tensão e equilíbrio de quem está no entorno;

- O espetáculo em si: nuances técnicas e táticas; a "chave" da vitória; o poder de concentração de cada atleta em uma prova de natação, na preparação para um salto ou na cobrança de um pênalti; o desempenho dos técnicos, passivos ou histriônicos; o desempenho individual dos atletas, normalmente avaliado por notas ou adjetivação (bom, fraco, irregular); quem fez diferença; o papel da arbitragem.

Em uma segunda fase, o jornalismo esportivo incorporou, em sua tradução do evento, o discurso econômico. Era preciso incluir informações sobre o custo do espetáculo, quanto foi movimentado em uma Olimpíada, os preços das instalações, os investimentos em logística. Passou a ser fundamental mostrar a evolução salarial de atletas, seus cachês, bichos e contratos de patrocínio – o PIB do esporte, enfim.

O formato foi definido, havia uma estética (com pequenas diferenças de cosmética de acordo com o meio de comunicação). Se a mídia impressa permitia aprofundamento e alguma experimentação, a narrativa de rádio adotou de vez a voluntariedade, o excesso informativo como marca, sempre associado ao dinamismo e à instantaneidade. Para a televisão, a escolha era natural: dramatização significava audiência, o espetáculo do regozijo ou da tragédia.

Ali começava o desenho que seria aperfeiçoado nos anos de 1990: o tratamento do evento esportivo como uma produção própria, nem sempre com corte jornalístico, na qual o veículo impõe suas verdades por meio de edições bem cuidadas, ângulos privilegiados ou excluídos, repetições que levam ao convencimento. O esporte era um problema para o diretor de TV, mais do que para o diretor da redação. O diretor de TV, que em alguns países recebe o nome de realizador, de fato "realizava" um evento com sua marca pessoal, suas cores e sons, mostrando só o que queria mostrar do *show*.

O período foi marcado também por uma saudável mudança de posição do leitor-espectador-ouvinte em sua abordagem da leitura do esporte. O torcedor de futebol, por exemplo, antes voltado quase exclusivamente para seu próprio time do coração – cuja paixão compensava um deslocamento até o estádio para testemunhar o rito –, foi transformado, com a popularização das transmissões ao vivo, num analista universal, que passou a acompanhar todos os campeonatos, a ver o jogo como um admirador do esporte, sem o padecimento que acompanha o verdadeiro fã. A transmissão de uma Olimpíada ganhou contornos de celebração, cada atleta passou a significar uma lição de vida.

Para jornais e revistas, a vantagem estava no privilégio da homologação das emoções. Se o rádio e a TV magnificavam uma ação gloriosa, com os exageros que pressupõem a comercialização das emoções ao vivo, os argumentos e bastidores que os jornais publicavam no dia seguinte eram a confirmação de tudo como efetivamente aconteceu, a verdade de todas as verdades, a explicação racional para todos os milagres.

## Envolvimento e drama

A aproximação do jornalismo esportivo com seus personagens e mazelas embutia, porém, alguns perigos que iriam cobrar seu preço mais cedo ou mais tarde. O envolvimento profissional passou a ser muito mais intenso, o repórter passou a conviver com os atores, saiu da condição de observador atento a participante do evento esportivo em si, e com ele carregava toda a imagem do jornal e da imprensa especializada. Era trabalhoso "humanizar" sem abrir flancos, às vezes tomar partido de um clube ou de um atleta e ao mesmo tempo evitar abusos e jogo de interesses. Essa vulnerabilidade exigia do profissional doses extras de equilíbrio, distanciamento e postura – numa palavra, ética –, sob o risco de acusar reflexos em seu próprio discurso.

Assim, outras liberdades menos nobres foram permitidas, às vezes exigidas dentro das redações, e tiveram peso decisivo sobre a linguagem. A vitória da seleção de futebol passou a ser "nossa vitória", a medalha do judoca se transformou em "nosso ouro". O jornalista menos avisado trafegava numa linha frágil porque esse tom ufanista, próximo ao drama, bem ao gosto do fã e do torcedor, tinha grande aceitação popular – o que fazia brilhar os olhos de chefes de redação e donos de jornais.

Mas o perigo estava ali e o risco de um escorregão que comprometesse a credibilidade era enorme. E isso não foi privilégio do jornalismo esportivo brasileiro, diga-se. A imprensa especializada de países como França, Itália e Espanha já era useira e vezeira nessa proposta de cobertura – como de resto é até hoje. Com a diferença de, sem nenhum pudor, assumir seu jornalismo-bandeira, cheio de panfletos e tendências, e vender muito bem a idéia: imparcialidade para quê?

A situação provocava ainda certas aberrações, normalmente com a intenção de cultivar ou preservar fontes. Para garantir algum acesso aos bastidores, editores obrigavam seus repórteres a "aliviar" nas críticas a determinado treinador ou dirigente. Para desvendar uma discussão nos vestiários era preciso trocar alguns favores com um jogador, ou no mínimo ficar devendo algo. Transformado em usos e costumes, esse procedimento já sinalizava uma deterioração nas relações profissionais, com reflexos imediatos no discurso.

## Publicidade, antes e depois

Quando a publicidade chegou com tudo ao esporte no Brasil, depois de um período de transição nos anos de 1970, veio a segunda pequena revolução na linguagem – e a humanização tornou-se um complicador. O mercado, que de humano não tem nada, tomou conta do assunto. Cadernos de esportes proliferaram pelos jornais; o espaço dos programas esportivos nas televisões cresceu numa proporção indecente em pouco tempo; agências de publicidade descobriram praticamente uma nova mídia – camisas patrocinadas, placas em estádios, *merchandising*.

A voracidade para abocanhar um naco desse novo quitute não poupou ninguém, grandes ou pequenos. Num período escasso de seis ou sete anos, entre a Olimpíada de Seul, em 1988, e a morte de Ayrton Senna, seguida pela conquista do tetracampeonato pelo Brasil na Copa dos Estados Unidos, em 1994, a visibilidade do discurso esportivo explodiu.

E ficou bem mais árido competir num cenário de superexposição, de acesso fácil à informação e de imagens mais fáceis ainda.

A morte de Ayrton Senna, em matéria de envolvimento emocional do profissional com o meio em que atua, foi um marco e trouxe alguns agravantes. A perda do ídolo, ao vivo, no momento em que exercia sua especialidade numa manhã de domingo, vista pelo país e pelo mundo, gerou um estado de perplexidade que tudo permitiu em matéria de licença retórica. Entre o acidente em Ímola, na Itália, e o enterro cinco dias depois, em São Paulo, todas as amarras informativas, interpretativas e emocionais foram soltas, e, na missa de sétimo dia, o jornalismo esportivo já não era o mesmo. Estava definitivamente liberado o jornalista/protagonista, que atua não só pelo seu poder de apuração e interpretação dos fatos, que tem, ou tinha, como missão "traduzir" a vida para o ouvinte-espectador-leitor. Agora, era preciso chorar ou vibrar juntamente com o público. Na prática, virar um personagem também.

Um dos poucos estudos de que se tem notícia sobre o tema foi realizado na segunda metade dos anos de 1970, por um grupo de especialistas americanos em comunicação de massa (Jennings Bryant, Paul Cominsky e Dolf Zillman). O levantamento sobre a influência dos comentários jornalísticos no envolvimento do torcedor com o evento revelou que, em um período de cinco anos, ao menos metade do aumento da audiência em todos os meios de informação dos Estados Unidos podia ser atribuída à crescente carga emocional imprimida pelos comentaristas em suas manifestações.

Mesmo que o exemplo norte-americano não sirva como paradigma – nos EUA, são esportes peculiares para um público mais peculiar ainda –, o fato é que o excesso de olimpismo e distanciamento é tão nocivo quanto o envolvimento total. Além de soarem falsos, na maioria das vezes, o olimpismo e o distanciamento empurravam o leitor-ouvinte-espectador para fora do discurso central. Era inviável narrar como um culto religioso a empolgante conquista de uma medalha de ouro. A questão era encontrar o ponto de equilíbrio.

> Com o emprego de um variado catálogo emotivo, os meios de comunicação vão além da informação pura e simples para se aproximarem de um dramatismo próprio. Nos comentários do jornalismo esportivo, boa parte do conteúdo pode ser considerada de caráter descritivo, mas aproximadamente 30% estão cobertos de adereços psicológicos, sociológicos ou político-religiosos, que convertem a mensagem em um novo objeto de consumo. (Verdú, 1990)

## Resistência à banalização

Tratar de abundância informativa e superexposição era uma missão ainda pouco explorada pelo jornalista esportivo, que praticamente acabava de perceber que era possível garimpar novidades no campo da linguagem se houvesse sintonia com o projeto que defendia – o conjunto de idéias representado pela pauta. Mas, nos novos tempos, o que era um campo a ser explorado deixou de sê-lo quase de forma instantânea, situação levada a extremos com a popularização da internet no fim dos anos de 1990.

A receita de cobertura para um evento (crônica-descrição-personagens-clima), por exemplo, era explorada já por todos os meios em todas as situações, repetida nas TVs várias vezes ao dia e nos jornais sete vezes por semana, durante anos. De tão batida, a humanização, agora obrigatoriamente acompanhada da comoção, descambou para um novo processo de mecanização, um jornalismo de rotina, em que a própria emotividade era imposta. As diferenças ficavam restritas a uma ou outra pirotecnia própria de cada mídia: uma fusão de imagens com uma narrativa melosa e musiquinha de fundo; um infográfico que o artista da redação tirou da cartola; um ou outro texto mais rebuscado daqueles renitentes trabalhadores pelo bom discurso. Era caminho aberto à banalização.

A postura dos próceres de outras áreas das redações por ocasião dos grandes eventos, como uma Copa do Mundo e uma Olimpíada, reproduz com precisão esse cenário e revela quem são os inimigos morais do jornalista esportivo dentro da mídia. Nessas situações, os adventistas saem de seus redutos à procura dos holofotes e transformam-se em colunistas especiais, para "enriquecer" intelectualmente a cobertura, para levar ao leitor a "sacada" que o especialista em esporte, segundo eles, despreza, justamente por ser um especialista. Com raríssimas exceções – duas ou três –, os adventistas chegam, durante algumas semanas usam toda a artilharia pesada de estereótipos do esporte, não acrescentam nada também em matéria de informação e, terminada a festa, voltam para seus ninhos dizendo ser impossível fazer jornalismo esportivo inteligente.

## Ofício e sacrifício

A primeira vítima da nova era da mecanização foi a pauta (relação de assuntos que as empresas jornalísticas escolhem para publicar). Antes, a pauta era um reduto de reflexão. Transformada em agenda, uma função de trâmite na nova estética da grande imprensa, a pauta derrubou o nível de exigência, recuperou a preguiça e adaptou-se ao formato industrial das redações. O efeito sobre a linguagem e o discurso foi devastador e praticamente ignorou o fator humano – na maioria das vezes já não importava se existiam profissionais bem ou mal preparados. Sem o exercício da discussão de uma pauta e com a pressa que exige o formato instantâneo das informações, o repórter passou a entender sua missão como o cumprimento de uma meta, o preenchimento de uma planilha.

No antigo formato, o profissional saía da redação pensando em conversar com um técnico de basquete sobre a importância da visão periférica de determinados jogadores, uma idéia que surgiu numa reunião de pauta em que alguém citou Magic Johnson; ou condicionado a desvendar a importância da velocidade de reação do atleta especialista nos 100 metros no momento do tiro, a fortaleza mental que o sujeito precisaria ter para se concentrar no que iria fazer nos próximos dez segundos; ou ainda o mistério que envolve a destreza dos jogadores canhotos, sempre mais habilidosos e imprevisíveis.

Agora, o repórter receberia apenas uma indicação: o treino começa às 16h e é preciso "descolar" alguma coisa. E a pergunta mais usual aos entrevistados passou a ser "e aí?". Para completar o processo, outros pequenos e grandes terremotos, todos por imposição do mercado, atingiram a própria profissão, já na passagem para o século XXI:

- A automatização radical das redações encurtou horários de fechamento, reduziu a capacidade de elaboração do jornalista e praticamente sepultou funções vitais para o aperfeiçoamento da linguagem – como o velho e bom redator, por exemplo;
- A degradação do ambiente jornalístico, em função dos seguidos processos de enxugamento, achatamento e reengenharia, criou monstrinhos responsáveis pela execução, que passaram a chamar o leitor de cliente e o jornal de produto;
- A internet mutiplicou o que já era banal, muitas vezes sem nenhum critério e fundamento; era repetir por repetir, significando o fim da boa checagem;
- No esporte, especificamente, a necessidade de popularizar a linguagem na ilusão de vender mais jornais ou dar picos de audiência acabou com qualquer tentativa saudável de sofisticação do discurso, como se fosse uma excentricidade vender jornal com bom texto – como se o popular e ruim realmente vendesse.

Como já não era possível fazer esporte sofisticado, sobreviveu quem popularizou no pior sentido, e nisso a linguagem teve papel vital. Para que dar um título como "Luxemburgo abandona projeto do novo Palmeiras" se era possível dizer "Luxa deixa Verdão na mão"? Além de ser um dos bordões da chamada "comunicação instantânea", cabia como uma luva na capa de um tablóide, em corpo 120, ou numa *homepage* qualquer. Para que ser criativo se estavam ali, na prateleira, coisas prontinhas como "O Galo jantou o Peixe" e "A Macaca afundou o Timão"?

Em seu livro *Jornalismo esportivo*, Paulo Vinicius Coelho – ele próprio um dos lutadores pela qualidade informativa e editorial – define essa opção da imprensa esportiva pela popularização: "Se apostar em qualidade editorial custa aos veículos da imprensa esportiva um público leitor das camadas mais baixas da população, apostar no direcionamento para essas camadas mais populares significa um tiro no pé". E cita os casos da segunda fase de *Placar*, que optou por essa linha nos anos de 1990 e viu as vendas despencarem, e de *A Gazeta Esportiva*, um dos órgãos históricos do jornalismo esportivo brasileiro, que não resistiu aos novos tempos, insistiu em seu viés popularíssimo e foi minguando até dinamitar sua equipe e sua tradição para se transformar em um *site*.

Paralelamente, alguns veículos teoricamente mais exigentes, pressionados pelo mercado e incapazes de enfrentar o "popular", mandaram a editoria de esportes à Série B, para retomar seu lugarzinho insignificante num canto da redação, sob olhares de desconfiança e com profissionais menosprezados. Jovens que foram chegando às redações eram induzidos pelas recém-adotadas fórmulas de produção e cooptados a participar dessa nova ordem, quando não obrigados a torcer pelo time do chefe. Se tinha uma ambição qualquer de cuidar da linguagem, era melhor esquecer por enquanto, em nome da sobrevivência.

Ironicamente, foi a televisão, nesse período de discurso depauperado, que parece ter descoberto sua bolha de oxigênio. Não a televisão aberta, que continua com uma visão brejeira das transmissões esportivas, transformadas em conclamação pública em que as presenças de uma bandeira e um hino são obrigatórias. A esperança vem da TV a cabo, o veículo que ao menos procura discutir hoje o esporte no Brasil de forma mais elaborada, apesar de atingir a elite das elites e pouco mais. Bem ou mal, porém, está desenvolvendo um discurso próprio, enquanto não cai na ditadura da comercialização predatória em busca de audiência.

## Ecos da pasteurização

Um dos gurus do moderno jornalismo, Ignacio Ramonet, diretor do *Le Monde Diplomatique*, define o último período da profissão – que vivemos até hoje – como a "taylorização do trabalho do jornalista", ou seja, o máximo de rendimento com o mínimo de atividade, especialmente intelectual. E mostra seu desconsolo com a pasteurização informativa.

> Durante muito tempo foi possível contrapor imprensa escrita, rádio e televisão. Hoje, está cada vez mais difícil estabelecer uma competição entre eles, porque os meios falam de si mesmos e repetem o que dizem outros meios de comunicação. Constituem cada vez mais uma esfera única de informação e um sistema único no qual é difícil encontrar diferenças. Pode-se dizer que este cenário se complica ainda mais como conseqüência da revolução tecnológica. Trata-se basicamente de uma revolução numérica. ("Jornalismo dos novos tempos", revista *Semana*, agosto de 2002)

Aplicada ao jornalismo esportivo e à evolução de sua linguagem, a tese de Ramonet ajuda a deixar o panorama ainda mais claro. Saímos de um texto jornalístico ao mesmo tempo empírico e formal, com feições de repartição pública e por isso mecanizado (até os anos de 1960), para um processo de criação e desenvolvimento do discurso, que incluiu formas de repensar o esporte e torná-lo um assunto agradável e humanizado (anos de 1970 e boa parte dos 1980).

A tese de Ramonet encontra o jornalismo esportivo no justo momento em que pede uma nova transformação. Quando saímos de um texto jornalístico empírico e formal para um processo de criação e desenvolvimento do discurso, a competição entre os meios era ainda saudável e estimulava experimentos de linguagem. Houve alguns anos de transição, um certo caos criativo que ao menos permitiu que surgissem os abnegados que hoje tocam o barco e representam a salvação da classe. Porém, as novas regras de mercado (de meados dos anos de 1990 para cá), a internet e a invasão dos autômatos nas redações – a "revolução numérica" de que fala Ramonet – levaram à pasteurização de métodos e mentes. Levaram à "remecanização".

Para a tarefa, agora, de sair dessa encruzilhada e encontrar um discurso mais atraente, a imprensa esportiva ainda tem uma arma poderosa – o inabalável fascínio exercido pelo esporte –, mas restou uma só opção ideológica: parar de conversar consigo mesma e redescobrir que a verdade está baseada na verificação, não na repetição.

## Referências bibliográficas

BROHM, Jean Marie. *Critiques du Sport*. Paris: Christian Bourgeois, 1985.

BRYANT, J.; COMINSKY, P.; ZILLMANN, D. *Drama in Sports Commentary*. New Jersey: Journal of Communications, 1977.

COELHO, Paulo Vinicius. *Jornalismo esportivo*. São Paulo: Contexto, 2003.

LÜSCHEN, Günther; WEIS, Kurt. *Sociología del deporte*. Madri: Miñon, 1998.

NASSIF, Luis. *O jornalismo dos anos 90*. São Paulo: Futura, 2003.

RAMONET, Ignacio. *Propagandas silenciosas*. São Paulo: Vozes, 2002.

________. "Jornalismo dos novos tempos". *Semana*, agosto de 2002b.

________. *A tirania da comunicação*. São Paulo: Vozes, 2004.

RUBIO, Katia. *O imaginário esportivo contemporâneo: o atleta e o mito do herói*. São Paulo: Casa do Psicólogo, 2001.

VERDÚ, Vicente. *El fútbol: mitos, ritos y símbolos*. Madri: Alianza Editorial, 1990.

## Sites de referência

Biblioteca Online de Jornalismo
http://www.brinkster.com/lupajor

European Association for Terminology
http://www.eaft-aet.net

Idioma y Deporte
http://www.idiomaydeporte.com

Laboratório de Comunicação Online
http://www.labcom.ubi.pt

Lecturas: Educación Física y Deportes
http://www.efdeportes.com

Observatório da Imprensa
http://www.observatoriodaimprensa.com.br

Sala de Prensa – Web para Profesionales de la Comunicación
http://www.saladeprensa.org

# Personagens e personas

*As diversidades do atletismo e do vôlei espelham disparidades originais*

Denise Mirás*

Aquele último domingo da Olimpíada de Atenas-2004 estava terminando para os jornalistas brasileiros com o mais que suado ouro do vôlei e o choro no pódio da equipe do perfeccionista Bernardinho abrindo as páginas de jornais, garantindo todas as chamadas de rádio, televisão, *sites*. Mas uma reviravolta faria as manchetes se transmutarem para o atletismo, contando a inimaginável história da maratona que teve Vanderlei Cordeiro de Lima como líder, depois revelado ao mundo como herói, por conta da intervenção de um irlandês maluco.

O dia mostrou a superação necessária ao vôlei, complexo por depender da perfeição de movimentos e da concentração total, mas também a superação de um corredor na solidão da maratona, em que a batida seca dos passos por mais de 45 quilômetros ainda teve de enfrentar uma situação esdrúxula, e até assustadora, com a cabeça e o corpo no limite, retomando em segundos a luta por um objetivo. E tudo isso foi bem registrado.

* Denise Mirás, 47 anos, é paulistana; subeditora de Esportes do *Jornal da Tarde*, no qual trabalha desde 1980, como repórter especial e editora. Cobriu seis olimpíadas, entre Los Angeles-1984 e Atenas-2004.

Primeiro, o vôlei. Talvez tenha sido do jornalista inglês Peter Berlin, do *International Herald Tribune*, a melhor definição sobre vôlei de quadra, "um balé Kirov", e de praia, "Flashdance". Assim as modalidades se colocam diante do público e também são tratadas pela imprensa. Em Atenas, a cobertura jornalística do vôlei de quadra mostrou-se clássica – até pouco informativa quanto a esmiuçar razões e porquês, mesmo diante de situações dramáticas (como a da equipe brasileira feminina afundando, sem capacidade de reação no fim da competição). Pelo menos por parte dos jornais estrangeiros, em Atenas.

O vôlei de praia vem fazendo seu papel. Virou espetáculo para diversão da torcida. Pouco se sabe dos protagonistas nômades, sobrenome/sobrenome. E, por parte da imprensa, a atenção maior foi para as dançarinas espanholas de biquíni, contratadas para animar intervalos. Por parte dos fotógrafos em geral, traseiros e mais traseiros das garotas. A intenção de Rubén Acosta, o presidente da Federação Internacional de Vôlei, tem sido essa há anos, desde a mudança de regras para o esporte "caber" na TV, até uniformes com medidas mínimas.

Da quadra, Peter Berlin disse, na crônica sobre a final Brasil e Itália: "Talvez não por acaso o vôlei seja um esporte de grandalhões que choram. É jogo de força tamanha, mas também de delicadeza, de bravura e músculos aliados a uma coreografia rigorosa, de alto nível de trabalho atlético em conjunto, de time". E segue: "O *momentum* é desesperadamente difícil de se conseguir e de se manter. Os times precisam controlar a adrenalina e manter o foco enquanto fazem seu trabalho conjunto para ganhar cada ponto". São observações amarradas aos mandamentos revelados por Bernardinho na coletiva.

Com a Olimpíada cada vez mais asséptica, mais distante de repórteres e público como na fórmula 1, o que interessa é a TV e o quanto se paga pelas transmissões de espetáculos. Mas o jornalista inglês fala do que viu ao vivo, do que passou por sua cabeça, em contraponto à gritaria da televisão, dificultando a capacidade dos telespectadores de enxergar detalhes de uma grande disputa. Fala em combinação de habilidades como salto, força, velocidade, sutileza do bloqueio, da armação do ataque, da exploração do medo do outro (em câmera lenta): "São três italianos saltando e um levantador tentando desesperadamente disfarçar ao máximo para quem entregará a bola. E são três brasileiros ombro a ombro, em linha, em perfeita sintonia, como um coro, seis mãos para o alto perfeitamente colocadas para segurar o ataque". Óbvio? Melhor que gritaria.

E o atletismo? Um louco invade a histórica maratona de Atenas, a última prova da Olimpíada de 1,3 bilhão de euros gastos em segurança. Na correria (!) para o Estádio Panathinàiko, mochilas às costas com *laptops* e metros de fios, a cabeça ferve: melhor ir de metrô? Como foi a preparação do Vanderlei? Qual a sua estratégia? Em qual quilômetro apareceu esse louco? E é registrar a estupefação do público, a admiração por aquele que continua, mais a felicidade de Vanderlei entrando no Estádio de Mármore, sorrindo, fazendo "aviãozinho", lançando beijos para a multidão em pé. Mais processos fisiológicos, providências de cartolas... Os jornalistas se saíram muito bem. A TV, claro, mais ainda.

Os jornais registraram Vanderlei para a história. O vencedor, o italiano... quem?, ganhou páginas e fotos rasgadas nos jornais... italianos. Nos gregos, alemães, franceses, espanhóis, ingleses, brasileiros, as manchetes eram Vanderlei e o louco. E se Vanderlei tivesse vencido? A imprensa brasileira faria como a italiana, abrindo páginas para seu campeão e deixando o incidente no pé da página? Provavelmente. Questão de proximidade.

Ainda em Atenas, os jornalistas gregos duvidaram de dois de seus atletas internados em hospital por conta de um tal acidente de moto depois de não aparecerem em teste *antidoping*. Investigou-se de todas as formas. Mas os dez minutos de vaia que atrasaram os 200 metros do herói emboscado pelo *antidoping* ficaram no ar. O público reagindo à hipocrisia do *antidoping* que elege bodes expiatórios? A imprensa grega não foi atrás. A não-grega não soube dizer.

Ainda no atletismo, o acesso dos "não-TV" é cada vez mais dificultado. Centenas de repórteres espremem-se no corredor da morte que é a zona mista por onde passam estrelas bufando, chutando lata, tirando roupa, depois das entrevistas sorridentes às câmeras, aos patrocinadores, em zonas especiais, pagas. Mas o trabalho dos "não-TV" foi bem feito. Se o espetáculo foi para o ar, como Hachim El Guerrouj, um dos maiores meio-fundistas do mundo, ou a velocista Marion Jones, que nada fez depois das acusações de *doping*, as histórias do "meio do pelotão" – e talvez das futuras estrelas (como do nigeriano/português, ex-trabalhador em obra, prata nos 100 metros) estavam nas páginas dos jornais do dia seguinte.

## Recordes e paradoxos

Um jornalista interessa-se pelas pessoas, suas vidas, seu mundo. É, necessariamente, curioso. Um jornalista de esportes que acompanhe atletismo pode entrar em desespero trabalhando em uma competição. Ali, em cada raia, em cada prova, também correm e saltam dezenas de histórias. Cada uma é diferente, nem melhor, nem pior. Todas podem ser percebidas e bem contadas, a ponto de chamar a atenção do leitor, do ouvinte, do telespectador, levá-lo a também se interessar por elas.

No vôlei, talvez o mais interessante seja a capacidade de "adaptação" de seus dirigentes ao que se pode chamar de modernidade. O jogo praticamente "camaleou-se" em outro jogo para virar um espetáculo que a TV aceitasse exibir e para que fosse colhido um dinheiro espetacular de patrocínios. O vôlei não foi o único, mas provavelmente um dos melhores exemplos desta era em que o esporte é um produto. O melhor do vôlei não está à frente dos olhos do jornalista. Também são interessantes as informações de bastidores para uma reflexão sobre elas, sobre a transformação do esporte em produto altamente rentável. Assim, atletismo e vôlei possibilitam análises diferentes.

A maior riqueza do atletismo está na absurda diversidade de seus personagens. Ali estão destaques, mas também desconhecidos, para proporcionar ao jornalista o prazer de sua descoberta, em meio à garimpagem das histórias. Vidas que até alguns anos eram, em sua maioria, muito sofridas, tanto quanto as dos boxeadores. O atletismo, esporte-base, cativa principalmente pelas provas de pista, nas quais ainda hoje há competidores correndo descalços.

Ao mesmo tempo, com a entrada dos patrocínios ao esporte, também já é possível ver muitos de seus juvenis chegando de classes sociais mais ricas, com seus celulares nas mochilas. E participando do desenvolvimento de provas de campo – o Brasil nunca teve tradição nas modalidades que necessitam de equipamentos caros, como o salto com vara ou o lançamento do dardo.

No atletismo, estão prontas para serem "colhidas" matérias sobre um mundo de esperança, de ajuda de custo que sustenta toda uma família, mas também de tecnologia de material esportivo, sofisticados equipamentos de medição de tempo e espaço, dinheiro fluindo para laboratórios e para a ciência. Nesse caso, para o bem e para o mal, porque o *doping* está sempre à frente daqueles que o combatem, ou deveriam combater.

Atualmente, há grandes laboratórios produzindo drogas até recentemente não-descobertas, para melhorar a performance de atletas. E muitos deles se submetem a elas, sabendo dos prejuízos futuros para seu corpo, por pressão dos próprios patrocinadores ou mesmo médicos e técnicos. A busca, claro, de recordes, pode ser lida como busca por muito dinheiro.

E também há essa leitura de um paradoxo: o *doping* proporciona recordes, estádios lotados e lucros para muita gente. Por outro lado, tenta-se lutar contra ele. Mas muitas vezes ajuda-se nas desculpas e as penalizações também acabam sendo curtas – o ciclismo, por exemplo, tem denúncias gravíssimas, e muitas vezes atletas são condenados a ficar fora de competições por apenas dois meses.

Para os jornalistas interessados em especializar-se nessa área de ciências do esporte, o campo é vastíssimo, da tecnologia à nutrição, passando por *doping* e psicologia. E no atletismo também podem ser encontradas pautas de todos esses assuntos. Quem escreve em jornais e revistas acaba levando vantagem quanto à riqueza de histórias.

A tecnologia da TV dá um banho ao mostrar as competições, com efeitos de *superslowmotion* – os recursos em que as câmeras pegam as imagens de muito longe e com "lentidão" tal que nos permite ver dobras do rosto saltando, cada piscar de olhos –, ou pontos de observação inusitados, com câmeras colocadas no alto da pista, no rés-do-chão. Também há possibilidade de inserção de gráficos comparativos, sobreposições etc.

As emissoras de rádio praticamente deixaram de acompanhar as grandes competições, quando ali seus repórteres teriam a possibilidade de colocar palavras e sensações de vencedores e perdedores de imediato, com o tempo de "treinamento" até mesmo conseguindo descrever aos ouvintes cada prova, de forma didática, nem por isso sem emoção. Àqueles que trabalham em internet, caberiam, além dos resultados, pequenas descrições de cada prova, em sua peculiaridade, um tropeção, um empurrão, uma cãibra, que fazem de cada corrida, lançamento ou salto uma competição única, sempre diferente.

## Das pistas para as ruas

O atletismo, principalmente, esporte nobre, provoca surpresas e expectativas diferentes daquelas dos esportes coletivos a que os brasileiros estão mais acostumados. Alguém que vá a uma competição dessas pode começar a gostar, ou passar a torcer. Ou pode simplesmente passar a entender. Mas conseguiria entender pelas informações de alto-falantes dos estádios ou pela imprensa?

O papel do jornalista esportivo também é dar essa possibilidade de descobrimento, de cultura esportiva, de despertar no espectador no mínimo a curiosidade pelo esporte, que pode ser um excelente meio de cuidar da própria saúde. Estão gravadas na mente e nas páginas de arquivos Emil Zatopek, a "Locomotiva Humana", o checo invencível nas provas de 5 mil, 10 mil metros da década de 1950, que despertava lembranças a cada Corrida de São Silvestre, em São Paulo. Ou Jesse Owens, o velocista negro norte-americano que fez Hitler sair do Estádio Olímpico em Berlim, em 1936. Ou a trinca Adhemar Ferreira da Silva, Nelson Prudêncio, João Carlos de Oliveira, o João do Pulo, do salto triplo brasileiro. Jadel Gregório, agora. Joaquim Cruz...

Todos tiveram suas histórias contadas por repórteres que – é preciso confessar – também ficam com as mãos suadas e se pegam torcendo para um ou outro, tamanho o arrebatamento das provas do atletismo, que sofreu uma mudança importante na década de 1990: a migração das provas de pista para as de rua, que hoje pagam prêmios muito altos, pelo maior acesso da população e imenso cenário para o *marketing*. Há mais chance para a publicidade, com seus grandes painéis pelas avenidas do percurso, pelo maior atrativo para as TVs, com transmissões para o mundo.

Por um lado, isto é interessante porque leva a educação da prática esportiva para mais perto da população (que parece cada vez mais propensa à prática esportiva ao ar livre, por saúde e lazer, do que à atitude passiva de ir a um ginásio ver um jogo, por exemplo). Por outro, provoca a debandada dos atletas de pista para as ruas, o que se reverte muitas vezes no abandono de provas tradicionais. Por exemplo: muitos corredores especialistas em meio-fundo ou fundo (400, 800, 1.500 metros) passaram às provas de rua, que dão mais dinheiro.

A TV foi a grande impulsionadora dessa migração. As imagens, de perto ou de helicópteros, do público saudando, querendo ajudar, aplaudindo... Para os patrocinadores, há muitos locais de visibilidade, não só para a população das ruas como também para as câmeras de TV. E espaço ainda para inserção de publicidade nas próprias ruas, com efeitos especiais. Para a TV, um espetáculo que sempre é inédito, com possibilidades infinitas das imagens das mais diversas emoções.

Cabe aos jornalistas de qualquer veículo de comunicação abrir o quanto possível explicações sobre o que está se passando durante a corrida, as táticas, os alertas sobre a prática esportiva sem uma primeira avaliação médica, mas também o que pensa o público, as crianças, aqueles que estão ali pela primeira vez, os que estão passeando e deparam com a prova, os outros que acompanham as corridas há anos, sob sol ou chuva.

As lembranças desses espectadores são preciosas, dão uma visão toda especial das provas, de quem foi mais importante para eles, da época em que foram realizadas; permitem entendermos a ligação com a história da cidade e do país, na época. Muitos relacionam como eram as ruas, as casas, quem estava no governo e fazendo o quê... Nas provas de rua, aliás, a competição é de compreensão imediata: quem está na frente, quem está quase caindo, quem está com "gás" para seguir mais adiante.

E milhares desses espectadores não verão o vencedor. Terão, sim, sua visão sobre aquele momento da prova, aquela passagem, aquele incentivo que deram ao que estava lá atrás, quase desistindo. Pouco se vê ou se sabe dessa participação do público nas corridas de rua. E, com certeza, um passeio do repórter, fotógrafo, cinegrafista, pelas calçadas renderia belas imagens e histórias, emoções tão fortes quanto aquelas dos próprios competidores.

Nos estádios, onde são disputadas várias modalidades ao mesmo tempo, é mais difícil para o público não acostumado ao atletismo acompanhar a competição se não houver um locutor dando explicações pelos alto-falantes. Principalmente nas provas de campo. Os saltos, por exemplo. São várias as tentativas, e com atletas alternados; o mesmo ocorre com lançamentos e arremessos.

Por esse ângulo, é imensa a quantidade de assuntos/pautas jornalísticos no atletismo. E, óbvio, não estão restritas ao campo de visão de um jornalista dentro de um estádio ou nas ruas. Estão em laboratórios, mesas de edição de imagens, nos arquivos das casas dos técnicos, no contato direto com o público, os organizadores etc.

Mas é lá, no campo – e não apenas nas competições, mas também nos treinamentos –, que o repórter estará coletando essas tantas outras informações com os atletas e todo o *staff* à sua volta e botando para funcionar a cabeça debaixo do boné que ganhou do patrocinador – e que bem "está valendo", por causa do sol de rachar...

Em uma competição de atletismo, o repórter já terá de fazer, ali mesmo, no estádio, o papel de editor. Pois terá de avaliar e escolher para onde correr. Seu tempo é curto para o tanto de trabalho que poderia fazer. E o espaço no jornal – ou outra mídia eletrônica –, na volta à redação, certamente não será tão grande se a matéria não estiver interessante.

Também precisará do apoio do editor "oficial", na redação, se optar por escrever menos da conhecida estrela para poder contar em espaço maior a história de três dias de viagem em ônibus de um desconhecido que chega apenas para competir – e não para ganhar o ouro e o respectivo prêmio em dinheiro. Claro, a entrevista da estrela deve ter seu espaço. Mas é interessante notar que, de uns anos para cá, outro fenômeno de *marketing* vem cercando os jornalistas e tentando obrigá-los a uma mudança no sistema de trabalho.

## Convocações coletivas

Vamos sair um pouco das competições do dia-a-dia e pensar nos grandes eventos mundiais. Nas olimpíadas de Atlanta-1996 e Sydney-2000 as recém-chegadas e já poderosas assessorias de imprensa das multinacionais esportivas ganharam muita força. E isso é especialmente visível no atletismo e na natação.

O trabalho do repórter também inclui tentar chegar perto de uma grande estrela, conversar, tentar descobrir algo que nunca havia sido dissecado, colher impressões mais pessoais. Pois isso mudou drasticamente. Hoje são as assessorias das grandes marcas que "convocam" os jornalistas para coletivas, nas quais a entrevista de centenas vira uma só, com os mesmos temas divulgados pelo mundo todo.

E o jornalista vai a essas coletivas. Porque as coletivas serão a única forma de chegar perto da tal estrela (muitas vezes proibida sumariamente de falar em outras ocasiões com os repórteres). Vai e fica cavoucando algo diferente, nem que sejam impressões do local, do olhar, das mãos da estrela, da quase imperceptível hesitação na hora em que nenhuma resposta pronta cabe à pergunta.

Oportuno falar da importância de estar ao lado do entrevistado, o que também vai rareando hoje, com a quantidade de matérias a serem cumpridas em curto espaço de tempo e com cada vez menos gente nas empresas (o que só acaba sendo possível por telefone, infelizmente).

Mas é só estando lá, olho no olho, descrevendo a mala de tênis e camisetas, o suor, o raspão no joelho, os calos e unhas arrancadas, a casa, a decoração, a brincadeira com os filhos dos atletas, que o jornalista terá mais chance de contar uma boa história, de passar para seu público quem é aquele por trás da "pele" do personagem, os problemas de dor, a prevenção de lesões, a preocupação antes das provas, a boca fechada, a vida fora das pistas, amigos, família, filhos, namorados.

Por isso é importante tentar falar com as estrelas antes das grandes competições – nem que por intermédio de assessorias, mas buscar entrevistas de uma forma ou de outra, mesmo por e-mail – e também acompanhar tudo o que for possível sobre elas, para se armar de informações. Com isso, há mais chances de escapar das obviedades das entrevistas coletivas, que correm contra o tempo e contra o número de jornalistas que querem perguntar. Às vezes, meia frase pode valer uma abertura de matéria, se o repórter tiver sido cuidadoso em seu "armazenamento de informações prévias".

Há espaço para nos lembrarmos da importância de uma agenda de telefones e de eventos – em qualquer área do jornalismo –, e para ser utilizada sempre, mantendo-se contatos para ter informações, pautas, cruzar dados, até relacionar uma matéria com outras. Muitas vezes, o próprio jornalista acaba "colaborando" com pesquisadores que não se conhecem mas estão trabalhando em áreas complementares.

Na grandiosidade de uma Olimpíada, também são tantos e tão variados os assuntos que literalmente vêm ao encontro do repórter que a sensação volta a ser de angústia, de tanta coisa por fazer, por contar, em um tempo que não é possível esticar, nem se dormirmos apenas quatro horas por noite.

Ali é possível encontrar fotógrafos esgotados, equipamentos pelas costas como cargas, brigando por lugares. E até relatar seu desespero diante do cada vez maior poder da televisão, em lugares privilegiados pelos milhões de dólares que pagam pela exclusividade das transmissões ao Comitê Olímpico Internacional. Como cada vez ficam mais para trás, maiores são as lentes que os fotógrafos têm de carregar – no caso do atletismo pela distância (pelo menos até os japoneses inventarem alguma microalternativa).

Olha lá: mais histórias. Essas competições tornam-se verdadeiros pesadelos para os fotógrafos, porque é no estádio que são necessárias as lentes maiores – mais difíceis de levar, mais pesadas. Às cotoveladas, pelo número imensamente maior de fotógrafos do que de lugares apropriados, carregando os equipamentos caríssimos – e frágeis –, acham um lugarzinho e de lá não podem sair, nem para comer, nem para ir ao banheiro, para não ter de enfrentar tudo de novo.

Amaldiçoam a TV e a Olimpíada cada vez mais como espetáculo para a TV. Em competições menores é possível ver fotógrafos pedindo para serem atendidos pelos fisioterapeutas à disposição dos atletas, ao lado da pista, para ver se conseguem ter de volta a coluna vertebral no lugar a tempo da próxima prova...

Mas são nessas grandes competições, como os Jogos Olímpicos – claro, se o repórter não estiver apenas olhando para o campo e a quadra, ou "babando" diante das estrelas –, que também encontramos, por exemplo, um cineasta como Carlos Saura montando um filme sobre a Olimpíada de Barcelona (1992), extasiado com detalhes como marcas de patrocinadores em centímetros de rodapés de pista de atletismo.

Hoje, esses "rodapés" podem ser captados pelas poderosíssimas lentes da TV, tanto quanto as lentes de contato com logotipos como da Puma nos olhos de atletas, flagradas em macroimagens e *superslowmotion*. E também tatuagens de marcas de patrocinadores nos braços, na virilha. Vi Saura afoito com a riqueza de histórias da maratona, não apenas com o vencedor, mas também com os últimos colocados. Também se encontra aquele voluntário que deu a volta ao mundo para conseguir chegar perto do ídolo – no atletismo, o lugar cobiçado é carregar as tralhas (malas, agasalhos, toalhas, garrafinhas) daqueles que entram na pista.

E os juízes, quem são? Normalmente ficam em hotéis "blindados", para não darem qualquer margem a suspeitas... Lá está o engenheiro que desenhou o subsolo da pista, a mãe que veio com o filho pequeno e coloca o carrinho em uma vaga... existia um "estacionamento de carrinhos de bebê" em Sydney-2000! E o chargista que fazia política e está "adorando" encontrar o lado engraçado da Olimpíada.

O diretor de TV dentro de um caminhão gelado, até com luvas e gorro pelas necessidade do ar-condicionado para o equipamento, cercado por computadores e monitores, escolhendo imagens em segundos, preparando repórteres para entrar ao vivo em minutos... E tudo isso também pode muito bem estar ao lado do repórter que está cobrindo seus Jogos Municipais. São personagens que rendem histórias e imagens para qualquer veículo de mídia.

Também é possível ao jornalista, anos depois, aproveitar a observação de um homem de TV sobre a mesma maratona, sua passagem arriscada para os atletas e o próprio público, com policiais em cavalos assustados, difíceis de controlar, quase escorregando sobre as pessoas em trechos de paralelepípedos.

Anotar: preste atenção nos perigos para o público da próxima vez. Note o desespero dos patrocinadores oficiais que pagam bilhões de dólares ao Comitê Olímpico Internacional e durante a maratona são "assolados" por cartazes clandestinos e piratas – que nem sempre podem ser cortados pelo editor de imagens da transmissão ao vivo.

## Jogadas do vôlei

Boa hora para voltarmos ao vôlei – em continuação ao assunto de *marketing*. Foram os brasileiros que "furaram" o bloqueio olímpico, que impede qualquer publicidade em suas competições – em seu redor, fora as áreas regiamente pagas por seus "top-patrocinadores". Pois em Sydney-2000, no vôlei de praia, os homens do Banco do Brasil distribuíram camisetas e chapéus amarelo-ouro para os torcedores, que tingiram as arquibancadas – se na Austrália e para o COI o significado não passava de "torcida brasileira", aqui, no ar, pela TV, a mensagem era "Banco do Brasil", que investe no circuito do esporte pelo país.

Nas competições também é possível trocar idéias com homens de *marketing* que já detectaram que o público quer "algo em troca" e não apenas engolir propaganda. E assim foi que, em Sydney, patrocinadores ofereciam, por exemplo, panfletos de publicidade acompanhados de protetor solar. Ou salas refrigeradas em bares temáticos, com TVs ligadas, tentando dar "o clima" de determinado esporte ao turista que não tivesse ingressos para a competição.

Ou ainda a idéia, cada vez mais evidente em olimpíadas, que para os homens do *marketing* é motivo de comemoração: o público não se contenta mais em assistir passivamente. Quer participar! E no vôlei de praia, um alto-falante incentivava as "olas", a gritaria em meio à música estridente nos intervalos.

Os publicitários "ajudam" o repórter a enxergar além da quadra – o que está se passando ali, muitas vezes, é uma guerra surda de patrocinadores. O material do repórter certamente será enriquecido além das cifras sobre "quanto se investe, por quanto tempo" (normalmente, perguntas sem respostas).

O vôlei foi mudando seu sistema de jogo, até que não ultrapassasse duas horas e meia, para não "atrapalhar" as grades de programação das TVs. Foi um dos esportes que primeiro abriu espaço para patrocinadores em camisas e, depois, mesmo para suas competições oficiais. Chegou a obrigar homens e mulheres – mas principalmente as mulheres – a usarem roupas coladas ao corpo, com máximo de centímetros regulamentado (!) abaixo da virilha.

Passou a distribuir prêmios milionários aos atletas em suas competições anuais internacionais – não apenas aos times, mas incentivando a individualidade, para raiva do técnico brasileiro Bernardo Resende, que valoriza e busca sempre o trabalho do grupo em um esporte que, aliás, ainda é coletivo. Outro tema que vem se arrastando no vôlei: denúncias de corrupção de dirigentes. Briga boa. E que parece ainda renderá matéria por mais alguns anos.

O vôlei foi precursor em muito do aparato tecnológico. Foram suas comissões técnicas que começaram a gravar jogos dos adversários, depois editar imagens para mostrar aos jogadores o que fazer a cada jogada, e, mais tarde, passar tudo para estatísticas, trabalhando em cima de incidência de ataques mais para este lado ou para outro de cada atleta, por exemplo. Jornais e revistas passaram a aproveitar essas informações, colocando no ar os números mas também especialistas para explicar o que significavam. E realmente a TV contribuiu muito com o objetivo dos dirigentes de fazer do esporte um dos mais conhecidos do planeta.

Além das malas com bolas, há os novatos e parte da comissão técnica com pesadas caixas de equipamentos de filmagem e computadores para análises de comportamento dos adversários em porcentagens – com o tempo, a bagagem está mais leve, para alívio do ombro também dos "espiões", aqueles que se deslocam atrás dos jogos dos adversários.

Pela necessidade de amenizar as brigas por lugares, os promotores de vôlei até começaram a reservar "chiqueirinhos" para a turma das gravações e estatísticas. Ali, mais uma vez valendo para repórteres de qualquer tipo de mídia, estão dados para enriquecer matérias. E não só com números, mas também com as "aventuras" daqueles se deslocando para lá e para cá, coletando passagens tragicômicas.

No Brasil, se o vôlei ganhou a internet com seus resultados imediatos e estatística, perdeu o rádio – que também pouco espaço teve de jornalistas esportivos que não "do futebol" (mesmo caso do basquete, aliás). Um fenômeno do avesso essa retração do rádio com relação aos "outros esportes". E um campo imenso a ser explorado pelos repórteres.

Principalmente a TV ganhou em recursos de tecnologia de imagens, mas pouco conta do que está além das quadras do vôlei, dos treinos e jogos, das gerações campeãs que nas olimpíadas seguintes fracassaram; da vida desses jogadores, que passou a ser cada vez mais pressionada, dos que mantiveram o equilíbrio, dos que sumiram, dos que foram parar do outro lado do mundo. Há excelentes exceções no caso de jornalistas, de programas, mas muitas vezes repórteres ainda ficam no que já é piada antiga, principalmente do futebol, das respostas óbvias para as perguntas óbvias, para encher espaço no papel ou na programação.

Outro ponto importante a se destacar no vôlei – mais perceptível pela rapidez com que se sucedeu – foi o assédio de fãs e de interessados na imagem dos atletas para diversos produtos. Esses mesmos atletas, muitas vezes pressionados por familiares, viram sua concentração sumir diante de tantos compromissos. E perceberam o preço pago por isso algum tempo depois, com a chegada das derrotas.

## Derrotas são um campo

Para não nos esquecermos: o jornalismo de modo geral fala das vitórias, mas as derrotas também carregam componentes ainda em boa parte desconhecidos do público. A psicologia esportiva, para os atletas, já nem é novidade. Faz parte de seu treinamento. Mas tem para os jornalistas um campo imenso de espantosas "novidades".

Também foi do vôlei, com atletas mais estudados na época do *boom* do esporte, que muitos saíram da vida de atleta para a de dirigente – o que pode ser útil pelo conhecimento de necessidades e dificuldades. Esses têm hoje vasta experiência para contar. Se não apenas no vôlei, também na área de educadores, administradores, técnicos. E que somente foram reconhecidos por muitos dos profissionais do jornalismo esportivo quando chegaram ao futebol – com clubes "secos" por profissionais de capacidade comprovada para substituir cartolas despreparados ou mal-intencionados.

Foi no vôlei também que se percebeu bem o fenômeno da "internacionalização", principalmente no Campeonato Italiano, o mais forte do mundo, e basicamente depois da "queda" do império soviético, quando atletas do Leste correram para jogar na Europa Ocidental – no início, por preços baixos, comparados ao valor técnico que mostravam. Efetivou-se uma língua franca, ainda nos anos de 1990, mescla de inglês-italiano-russo, com times recheados de representantes dos mais diversos países – e comissões técnicas idem.

Também a partir de tanta troca de informações percebeu-se que o esporte de alto nível estava nivelado, que os detalhes é que fariam um time melhor que o outro. Alguns repórteres foram destrinchando essas passagens. Começou-se a compreender e transmitir as informações de como a psicologia esportiva podia ajudar, assim como técnicas de treinamentos alternativos – como a dança de salão no aquecimento, com movimentos parecidos aos utilizados durante os jogos – e individualizados. Aquecimento diferenciado? Impensável em décadas anteriores, no caso de esportes coletivos, hoje comum – ao menos para os repórteres "antenados".

Depois, foi dada toda força ao vôlei de praia. Patrocinadores e homens de *marketing* perceberam que, para o público, até mais importante que ver os jogos passou a ser fazer folia na arquibancada, aparecer na TV dando tchauzinho. E ao som de música muito alta, sempre para ser "dançada". Essa "trilha sonora" se vê no vôlei de praia e no hóquei *in-line* dos Jogos Pan-Americanos (da mesma forma que nos intervalos dos profissionais norte-americanos da NBA, hóquei sobre o gelo). É a tal "vontade de participar" do público – principalmente os jovens, que não querem ser espectadores passivos –, detectada pelos publicitários.

A idéia percebida mais uma vez é que o público quer sair dos lugares fechados – dos ginásios – para o ar livre. Está se relacionando o esporte em ginásio coberto com público passivo, "acomodado", que não pratica esportes, não viaja, não "curte". Daí, a força dada pelo próprio Comitê Olímpico Internacional ao vôlei de praia e ao triatlo, que têm intensa participação do público, vestido de tênis (o último lançamento?) e bermudas como os atletas, com óculos escuros e garrafinhas d'água. Sabedores na própria pele das dores e prazeres da atividade física.

Detectaram então os publicitários que os esportes de quadra – e o vôlei está entre eles – estão sendo "lidos" pelos jovens como esportes "de velhos", vejam só. Os conceitos estão mudando. Esporte não é só assistir, mas fazer. E crescem os "radicais", ou ecoturismo, ou turismo de aventura, nos quais nem competição é preciso, mas prazer pela saída da cidade em busca da natureza, isto sim.

Já faz alguns anos as ruas das grandes cidades estão apresentando cada vez mais competições para a população – e a corrida é o mais barato para o atleta "iniciante", se comparada, por exemplo, com a turma do triatlo, que carrega os últimos lançamentos tecnológicos, principalmente em forma de tênis e *bikes*. Ganham os promotores, com o dinheiro das inscrições e dos patrocinadores, mas ganham também as pessoas que passam a encarar o esporte como atividade necessária, diária, boa para a saúde (desde que bem orientada e sem exageros).

O turismo também incorporou atividades de fim de semana, que até ajudaram o público a desaparecer de ginásios e estádios nas grandes cidades, pelas dificuldades de locomoção, estacionamento, falta de segurança. Patrocinadores terão de quebrar a cabeça e caprichar nos serviços para ter esse grande público de volta aos jogos. Ou mesmo à frente da televisão.

Porque já se formou toda uma geração (ou duas) interessada em lazer, pelo menos nos fins de semana, em trilhas, montanhas, cachoeiras, rios, mar – ou mesmo nas avenidas e parques mais próximos de casa –, pelo prazer do passeio e do que o esporte proporciona ao corpo e (importante!) à mente. Ganham os vendedores de equipamentos e agências com seus guias. Sintoma evidente: a troca dos tênis do tipo NBA pelos tênis mais parecidos com "botas", para trilhas, que já ocupam metade das vitrines de lojas especializadas.

## Mais idéias

Jornalista que cobre esportes não deveria mostrar apenas a competição, a disputa. Cada atleta está cercado por médicos, por notícias de *doping*, tratamentos alternativos, preparação psicológica. E a globalização do esporte? Chineses defendendo a Suíça, africanos competindo pela Dinamarca com a tal língua franca entre todos, comunicando-se com palavras de seis idiomas ao mesmo tempo.

E a "percepção" dos homens de TV norte-americanos que descobriram, somente depois da Olimpíada de Seul-1988 (!), que as mulheres eram as "compradoras" de seu país e que os grandes patrocinadores olímpicos queriam foco nelas. Para ter sua audiência, foram às pesquisas. Descobriram (!!) que às mulheres interessava menos saber quem está ganhando ou acompanhar o pódio do que saber das histórias dos competidores, ver a ginástica olímpica mesmo sem entender nada, pela beleza e risco dos movimentos.

Assim foi. A cobertura – olímpica, pelo menos – ficou mais centrada em histórias. Afinal, as mulheres, constataram as pesquisas, preferem que assim seja. O problema era sair da cobertura óbvia do pódio. Jornalistas esportivos de seu país tiveram de correr para aprender a contar histórias. Porque, em última instância, para os produtores norte-americanos (os "reis" na utilização do esporte como meio de gerar dinheiro), quem define as compras da casa... é quem manda.

# Assessorias especializadas

## *Conhecimento e informação a serviço de jornalistas, públicos e patrocinadores*

CLÁUDIA COUTINHO*

O primeiro dos três títulos de Guga em Roland Garros, em 1997, era o sonho de qualquer jornalista que trabalhasse com tênis no Brasil nos anos de 1970. Nem precisaria dos outros que vieram em 2000 e 2001. Lá, na década de 1970, enquanto o vôlei masculino verde-amarelo investia em um trabalho consistente para a formação de atletas, o tênis nacional se perguntava por que nunca mais aparecera outra Maria Esther Bueno, por que os feitos de Thomaz Koch e Edson Mandarino na Copa Davis nos anos de 1960 já envelheciam nas páginas dos jornais e revistas.

Seguindo a trilha de tantos outros esportes, olímpicos ou não, o tênis brasileiro se ressentia de um ídolo e, com ele, de maior popularidade, o que resultaria em espaço diretamente proporcional na mídia. E, assim

* Cláudia Coutinho nasceu em Porto Alegre (RS); é jornalista com especialização em *marketing*. Dos 24 anos de profissão, dedicou 18 ao jornalismo esportivo. Começou a trabalhar como repórter na Editoria de Esportes do *Zero Hora*, jornal pelo qual realizou a cobertura do Pan-Americano de Havana-1991 e das olimpíadas de Barcelona-1992 e de Atlanta-1996. Foi assessora de imprensa no segmento esportivo, tendo também atuado no jornalismo econômico.

como ocorreu em outras modalidades que colecionaram momentos de sucesso no país, o esporte que exigia o branco predominando nas vestimentas precisou do apoio de empresas patrocinadoras para investir em atletas, realizar eventos – alguns até bem grandiosos – e conquistar os noticiários. Nestes dois últimos casos, a presença do assessor de imprensa (ou do jornalista especializado) foi essencial.

## Espaço aberto

Maio de 1983. Um clube, Sociedade Harmonia de Tênis, em São Paulo. Um torneio, o Masters da 5ª Copa Hering de Tênis, que classificaria o melhor e a melhor juvenil do Brasil para disputar a competição da categoria do glamouroso Torneio de Wimbledon daquele ano. Nessa edição, os vencedores foram os paulistas José Mauro Wasserfirer e Silvana Campos. Fora das quadras, uma estratégia já aplicada em outras competições resultava em bom espaço na chamada mídia tradicional e contribuía para a formação de jornalistas especializados em um esporte que exalava a imagem de elite.

Os organizadores e os patrocinadores do evento montaram uma infra-estrutura para atender à imprensa capaz de fazer inveja a muitas competições em esportes já profissionalizados, com direito a sala exclusiva para os jornalistas, espaço para a realização de entrevistas coletivas, linhas telefônicas, telex, mesas com máquinas de escrever, laudas e mais laudas com a logomarca dos patrocinadores à espera de histórias a serem contadas, material sobre o evento e um atencioso e paciente assessor de imprensa sempre pronto para tirar as dúvidas ora sobre as regras do jogo, ora sobre a fórmula da competição. O tênis integra o grupo de esportes de difícil entendimento para quem o assiste pela primeira vez, a começar pela contagem de pontos, que se inicia com 15, vai para 30, 40 e *game*, que depois se somam para formar *sets* e assim até a vitória, passando pela área onde a bolinha deve cair na hora do saque.

Também fazia parte da estratégia dos organizadores e dos patrocinadores dos torneios convidar, com todas as despesas pagas, repórteres ou editores dos principais jornais de outros estados brasileiros que pudessem ter interesse no evento em pauta. Ponto da vitória. Era sempre mais fácil obter um bom espaço na mídia por meio de um repórter atento aos acontecimentos e apto a buscar as declarações de um determinado tenista do que por meio dos *press releases*, geralmente impessoais e que invariavelmente destinavam o último parágrafo a listar patrocinadores, apoiadores e organizadores.

Pois lá na Sociedade Harmonia daquele maio de 1983, um dos jovens jornalistas, ávido por decifrar os segredos do esporte da sempre elegante Estherzinha e do ainda cabeludo Thomaz Koch, não deixava escapar ninguém que passasse pela sua frente. Estava sempre disposto a preparar perfis das futuras promessas do esporte nacional. "Basta estar com uma raquete na mão que ele já pega a caneta e o bloquinho e começa a entrevistar", brincavam os colegas na sala de imprensa.

A busca incessante pela informação mais completa possível era o sinal de que o tênis ainda era um esporte de baixa popularidade no país, vivendo de conquistas passadas e com os seus então competidores, sem exceção, a reclamar da falta de recursos financeiros para traçar um plano de carreira – incluindo, portanto, os torneios internacionais – e da falta do apoio da imprensa para conquistar os patrocinadores. O choro era o mesmo: sem aparecer nos jornais, não se arranja patrocinador e daí não se viaja para competir; conseqüentemente, não se adquire experiência.

E até para orientar os competidores em busca do patrocinador (ou com a intenção de mantê-lo), é fundamental a presença do assessor de imprensa – no sentido de orientar os mais desligados. Foi o que faltou a um jovem tenista gaúcho, ainda na categoria juvenil, que deixava a quadra da Associação Leopoldina Juvenil, tradicional clube de tênis na capital gaúcha, com o título de campeão nos 18 anos assegurado. Aos jornalistas que acompanhavam o torneio, falou sobre a sua estratégia de jogo, a partida mais difícil naquela campanha vitoriosa, mas jogou a bolinha para fora ao ser perguntado se tinha patrocinador.

– Eu tenho sim, mas esqueci o nome – respondeu, um tanto quanto constrangido.

Se o garoto tivesse alguém para assessorá-lo, certamente aproveitaria o momento para agradecer o apoio recebido. Da mesma forma como fazem todos os tenistas do circuito profissional que ganham um torneio e, depois da cerimônia de premiação, recebem o microfone para elogiar o evento e enaltecer organizadores e patrocinadores.

## Convites e protocolos

Os convites de viagens para a realização de coberturas de eventos, uma das ferramentas utilizadas pelas assessorias de imprensa com orçamento para tanto, sempre foram tema de debate dentro das redações. Alguns veículos sempre recusam. Outros optam por deixar claro ao seu leitor, ouvinte, telespectador ou internauta que aquela viagem está sendo feita a convite de determinada organização. Outros simplesmente aceitam, sem se preocupar em dar maiores explicações ao seu público.

No *Guia de Ética e Responsabilidade Social da RBS* (Porto Alegre: RBS Publicações, 2004), as viagens e hospedagens a convite merecem item especial:

> Os jornalistas da RBS não aceitam viagens e hospedagens de cortesia que não tenham cunho eminentemente editorial ou de aperfeiçoamento profissional. Qualquer convite dirigido pessoalmente a qualquer membro da equipe deve ser entendido como um convite ao veículo e comunicado às chefias. Nenhuma viagem de cortesia poderá ser solicitada por profissionais das redações. Qualquer reportagem ou artigo que resultar de convite deve deixar claro para o público que o veículo não financiou a cobertura. Os profissionais da RBS não aceitam convites para viagens custeadas com recursos públicos.

As viagens a convite, além de serem analisadas dentro das redações, são também avaliadas dentro das assessorias de imprensa, não somente do ponto de vista das despesas, mas da relação custo-benefício, pois o objetivo de uma estratégia dessas costuma ser o de colocar determinada marca dentro do espaço editorial. Cabe ao assessor, no entanto, deixar sempre claro para quem arca com as despesas que viagem não é garantia de espaço editorial nem dá o direito de interferir na pauta. E isso vale não só para os eventos esportivos, mas para qualquer outra missão jornalística que tem o objetivo único de buscar informações de interesse do seu público. Se o fato jornalístico não existe, ele não existe, e está resolvida a questão. Não há como "criar" ou adaptar.

Esse esclarecimento é importante especialmente em convites para as coberturas de competições. Pode ser que o convite parta do patrocinador de um atleta ou de uma equipe cujas chances de vitória sejam remotas. Nesse caso, o espaço dado ao pupilo do patrocinador da viagem será certamente reduzido.

Foi o que aconteceu, por exemplo, na temporada de 1996 da IndyCar: um dos pilotos do Brasil contava com um bom patrocinador, que por sua vez tinha enorme interesse de fortalecer a sua marca no mercado brasileiro. Convites então foram feitos a alguns veículos de comunicação do país a fim de enviar repórteres para acompanhar uma das etapas do campeonato. Nas pistas, no entanto, os resultados do piloto em questão eram incipientes. Sempre disponível para sanar dúvidas, mostrar curiosidades sobre o esporte e sobre o autódromo e chamar atenção para questões mais técnicas, o assessor de imprensa criou diferentes oportunidades de entrevistas com o seu assessorado. Mas os espaços nos jornais foram ocupados com o vencedor da prova e com a história da corrida.

Vera Dias, em seu livro *Como virar notícia – e não se arrepender no dia seguinte* ressalta quanto o trabalho do assessor de imprensa é uma atividade de risco, quando se pensa em resultados medidos na mídia:

> Quem lida com essa matéria-prima [...] tem consciência de que o trabalho de assessoria de imprensa apenas provoca o contato com a imprensa, tentando juntar o interesse jornalístico ao empresarial, mas que o seu resultado é critério do veículo de comunicação. (Dias, 1994)

Por que, então, convidar? Para mostrar ao jornalista o trabalho que vem sendo realizado pelo atleta ou equipe. Para promover a aproximação da fonte de seu entrevistado (que, não seria nenhuma surpresa, só se falaram por telefone) a fim de estabelecer um canal de comunicação mais freqüente. Para, em conversas informais, buscar informações que possam se transformar em sugestão para uma futura entrevista ou reportagem. Eis algumas das razões.

## Virada no tênis

O *marketing* esportivo, ainda que de modo incipiente e buscando ficar longe das questiúnculas dos cartolas, foi o grande responsável pelo desenvolvimento das assessorias de imprensa especializadas e, conseqüentemente, dos profissionais que se preparavam para escrever crônicas mais atraentes e perguntar além do trivial "como foi o jogo?".

O tênis, no Brasil, teve 1976 como um "marco". Neste ano, pela primeira vez com transmissão via satélite, a Rede Bandeirantes de Televisão apresentou a final masculina do Torneio de Wimbledon. Com base nas estimativas da época e de acordo com a edição de janeiro/fevereiro de 1977 da revista Tênis, da Koch Tavares Editora Ltda., cerca de um milhão de pessoas, somente na Grande São Paulo, assistiram à vitória do sueco Bjorn Borg sobre o romeno Ilie Nastase por 6/4, 6/2 e 9/7. Uma grande vitória.

Na época, pagava-se em torno de 450 mil cruzeiros por transmissão internacional. Lucros, não houve. Mas, conforme o depoimento dado naquela ocasião pelo então diretor comercial da Band, Ruy Viotti, mais importante do que o retorno financeiro era "dar *status* à emissora e ao anunciante, atingindo um nível de público tipo classe A, tanto econômico quanto culturalmente".

Foi também em 1976 que os promotores de tênis no Brasil fortaleceram relações com bons patrocinadores. O Banco Itaú, por exemplo, pelo segundo ano consecutivo destinou 5% de sua verba publicitária (os valores não foram divulgados) na realização da 1ª Copa Itaú de Tênis, com a disputa de etapas em oito cidades diferentes, premiação aos jogadores e produção de peças promocionais, englobando desde cartazes a bonés para serem distribuídos durante os jogos.

Para o banco, o resultado deste investimento não foi medido em cifras, mas por meio de uma pesquisa que mostrou que o seu nome passou a ser facilmente associado ao tênis. O departamento de *marketing* da instituição aproveitou o momento para assegurar que o interesse não era apenas trabalhar a marca, mas também ajudar no desenvolvimento do tênis verde-amarelo.

"Realizamos algumas pesquisas e sentimos a necessidade de criar algo para ajudar o tenista brasileiro", afirmou o então gerente de Propaganda e Promoções do Banco Itaú, Rubens Nunes, quando da realização da sétima edição do campeonato, já em âmbito internacional e distribuindo US$ 200 mil em prêmios. Conforme Nunes, os jogadores brasileiros eram obrigados a dar aulas para sobreviver, já que não havia competições nacionais que oferecessem prêmios em dinheiro.

## Linha divisória

As assessorias de imprensa transformaram-se em imprescindíveis ferramentas para divulgar os torneios – e, por conseqüência, as marcas dos responsáveis pela execução dos grandes eventos, que costumavam ter como sedes as capitais brasileiras onde o tênis tinha um público fiel, embora restrito, e locais atraentes como Guarujá, Campos do Jordão, Búzios e Itaparica. As mesmas assessorias de imprensa, contudo, também se tornaram importantes para os tenistas brasileiros. Era evidente que uma cumplicidade entre assessores e jogadores se fortalecia torneio após torneio, semana após semana.

Por isso, muitas vezes a assessoria de um torneio não se limitava a preparar o material de apoio – com o histórico do evento, o perfil das principais estrelas da competição, dos patrocinadores e dos apoiadores e assim por diante –, a noticiar a rodada do dia e os resultados dos jogos, a organizar entrevistas individuais e coletivas. Era comum também trabalhar extra-oficialmente na divulgação da carreira de um ou mais tenistas, destacando este ou aquele fato, lembrando esta ou aquela dificuldade.

É claro que a linha divisória entre o limite da divulgação do torneio e o da divulgação do atleta é muito tênue. Uma competição irá atrair maior ou menor público, dezenas ou pouquíssimos jornalistas, dependendo de quem estiver na quadra. Qual clube brasileiro de vela não quer contar com a presença dos bicampeões olímpicos Torben Grael/Marcelo Ferreira (na classe Star) e Roberto Scheidt (na Laser) nem que seja para, na cerimônia de premiação de uma regata, entregar os prêmios aos iatistas que sonham com as coroas de oliveiras?

Também tem ficado sob responsabilidade dessas mesmas assessorias de imprensa a formação dos jornalistas que chegam aos ginásios, aos parques aquáticos, aos estádios totalmente despreparados.

– E se o jogo terminar empatado? – perguntou a repórter ao técnico Jorge Schmidt, na época no comando da equipe Frangosul/Ginástica e disputando a Superliga Nacional de Vôlei Masculino.

Foi o suficiente para o treinador se dirigir ao assessor de imprensa e, com um olhar, pedir paciência e ajuda a fim de enfrentar um entrevistador tão desinformado sobre o assunto com o qual iria trabalhar. Naquele momento, o Brasil já era campeão olímpico no vôlei masculino e esperava-se que o profissional escolhido para ir à quadra escrever a crônica do jogo e questionar os personagens da partida estivesse melhor preparado. E lá se foi o assessor de imprensa puxar o repórter para o lado a fim de explicar que no vôlei ou se ganha ou se perde, que não há empate como no futebol. E, aproveitando a oportunidade, passar outras regras básicas a fim de evitar um texto com erros e bobagens.

## Que esporte é esse?

O Brasil costuma descalçar as suas chuteiras de quatro em quatro anos para se emocionar e torcer pelos seus heróis olímpicos. A cobertura esportiva dos Jogos de Atenas, realizados de 13 a 29 de agosto de 2004, mostrou novamente a falta de preparo de muitos profissionais escolhidos para informar e comentar as competições. Chegou a soar estranho a pergunta "o que é uma quilha?" feita ao especialista em iatismo convidado de um canal fechado de televisão, que naquele instante explicava as razões do bicampeonato olímpico de Torben Grael e de Marcelo Ferreira, na classe Star. A vela se consolidou em Atenas como o esporte que mais medalhas olímpicas deu ao Brasil – total de catorze, sendo seis de ouro, duas de prata e seis de bronze – e o pessoal ainda faz perguntas básicas.

O despreparo não é de hoje, com certeza. Ainda nos anos de 1980, uma regata de 470 foi disputada no rio Guaíba, em Porto Alegre. A assessoria de imprensa colocou à disposição dos jornalistas que cobriam o evento um bote de borracha para levá-los a um veleiro que ficaria próximo do barco da comissão de regata, a fim de acompanhar toda a prova. No veleiro, o assessor de imprensa também tratou de convidar um iatista paciente e capaz de "interpretar" todas as nuances da competição aos repórteres. Tudo em prol da informação (e do espaço nos jornais e nas televisões).

Largada feita, e logo o vento sumiu. Calmaria total na raia. Mas no tal veleiro da imprensa, uma fotógrafa não se cansava de perguntar quanto tempo faltava para o término da regata, pois tinha outra pauta a cumprir e já estava ali há algum tempo. Sim, nem ela, nem o seu editor imaginavam que uma competição de iatismo não é como um jogo de futebol que tem 90 minutos e mais alguns poucos de acréscimo. E lá se foi o assessor a pedir, por rádio, um bote para buscar a fotógrafa e devolvê-la à terra. Quanto à regata, ela foi reiniciada mais tarde, com o retorno dos ventos.

## Sorrisos e decepções

A disputa entre Brasil e Espanha pela primeira rodada do Grupo Mundial da Copa Davis de Tênis, de 3 a 5 de abril de 1998, em Porto Alegre, marcou não só pela importância do confronto, mas por ser uma das primeiras grandes competições em território nacional com a presença de Guga, o campeão de Roland Garros na época. Um prato cheio para os jornalistas que cobriam o setor, fazendo que os assessores de imprensa envolvidos no evento tivessem de se preocupar mais em limitar o acesso dos repórteres aos jogadores às horas determinadas pelas comissões técnicas das duas equipes do que visitar as redações em busca da promessa de que a cobertura da competição seria realizada.

Analisando racionalmente, naquele confronto, o favoritismo era dos espanhóis, com Alex Corretja, Carlos Moya e um retrospecto bastante consistente. Mas os brasileiros acreditavam que os deuses do esporte poderiam dar uma mãozinha para Guga, Fernando Meligeni e Jaime Oncins. Os espanhóis ganharam, embora não de modo tão fácil como esperavam. Na sala de imprensa, montada na Associação Leopoldina Juvenil, depois da derrota de Meligeni para Moya por 7/5, 6/2 e 6/2, resultado que selou a vitória espanhola por 3 a 2, jornalistas dos dois países buscavam conter os ânimos, os sorrisos e as decepções.

Torcedores de ambos os lados também entraram de gaiatos no recinto e assistiam a tudo como se continuassem na arena montada especialmente para o evento, no Parque Moinhos de Vento. Perguntas, explicações, mais perguntas e novas respostas. O clima de "nós perdemos" e "nós ganhamos" era tão evidente entre brasileiros e espanhóis que seria difícil imaginar alguns daqueles profissionais da imprensa sendo imparciais ao escrever a crônica do dia. É claro que, ao contrário de assuntos como economia e política, o esporte possibilita trabalhar a emoção – o que, por sinal, a equipe do diário *Olé!*, da Argentina, faz com maestria.

## Patrocinadores ou clientes

As assessorias de imprensa especializadas em esportes no Brasil fincaram suas estacas em meados dos anos de 1980, na forma de empresas constituídas ou por meio de um jornalista já reconhecido no esporte em questão. Essas assessorias aprenderam a conviver com os altos e baixos desempenhos de seus clientes, com as verbas ora generosas, ora escassas dos patrocinadores e, acima de tudo, com o interesse da mídia e do público.

Como conseguir espaço para os outros esportes, olímpicos ou não, nos jornais e revistas, rádios, televisões e internet em pleno ano de uma

Copa do Mundo de futebol? Bicampeão olímpico, o triplista Adhemar Ferreira da Silva dizia que se sentia ressuscitar de quatro em quatro anos: quando os Jogos Olímpicos se aproximavam, suas conquistas em Helsinque-1952 e em Melbourne-1956 eram lembradas, e ele costumava ser procurado para dar entrevistas e falar da emoção de subir ao mais alto degrau do pódio. Até a Olimpíada de Atenas, Adhemar era o único bicampeão olímpico do Brasil.

Como convencer o editor de Esportes, na maioria das vezes com uma bagagem conquistada nos gramados de futebol, de que as demais modalidades também têm seus encantos, suas histórias, seus ídolos?

De novo, o papel do assessor de imprensa pode ser igualmente importante, conhecendo o perfil dos veículos de comunicação da mesma forma como conhece o seu cliente. Neste caso, não basta saber os horários de "funcionamento" da redação a fim de mandar a notícia a tempo de sair na próxima edição ou de evitar aquelas conversas por telefone que podem ficar para outra hora.

De acordo com o perfil de cada veículo, é possível elaborar diferentes pautas sobre o mesmo cliente. Um programa de televisão sobre culinária, por exemplo, vai gostar de receber a visita de um medalhista olímpico para fazer o seu prato preferido, enquanto uma revista especializada em determinada modalidade vai se interessar por um artigo de um fisioterapeuta sobre o tratamento para as lesões mais freqüentes daquele esporte.

O vínculo da assessoria de imprensa com as verbas publicitárias é uma alternativa totalmente condenável do ponto de vista ético. No entanto, as pressões para conseguir ou dar maior espaço editorial existem. Depois da conquista da medalha de ouro nos Jogos Olímpicos de Barcelona-1992, o vôlei masculino brasileiro assistiu ao crescimento de sua popularidade e, conseqüentemente, ao aumento de seu espaço na mídia. O campeonato da Superliga Nacional era notícia sempre.

Mas, enquanto a maioria dos jornais adotava a mesma fórmula usada pela Confederação Brasileira de Vôlei (CBV) para apresentar uma equipe – escrevendo o nome do patrocinador ao lado do nome da instituição desportiva –, a *Gazeta Esportiva*, em São Paulo, insistia em "cortar" os nomes dos patrocinadores de suas páginas editoriais alegando que aquele espaço não era destinado a propagandas. A equipe gaúcha da Frangosul/Ginástica, parceria criada em 7 de setembro de 1992 entre a indústria de alimentos e o clube social da cidade de Novo Hamburgo, e que resultou na conquista do título nacional em 1994/1995, era tratada pelo periódico paulista simplesmente como Ginástica. Foi uma escolha do jornal, mas que, no caso da equipe do Sul, não se converteu em verbas publicitárias.

A colocação de anúncios, seja do patrocinador do evento, da equipe, do atleta ou da própria competição não pode nunca servir de razão para se sugerir uma pauta. O assessor de imprensa que costuma entrar em contato com os pauteiros (ou coordenadores de produção) e com os editores, lembrando que a empresa X é anunciante daquele veículo, costuma ser criticado nas redações por sua atitude pouco profissional. O espaço editorial será conquistado pela importância da notícia, pela magnitude do espetáculo. E essa regra vale para qualquer área, não somente a esportiva.

## Interesse do público?

O trabalho das assessorias de imprensa especializadas em esporte deve seguir as melhores dicas encontradas nos manuais sobre assessorias de imprensa. É fundamental que o assessor tenha a percepção necessária para captar a notícia na rotina do atleta, da equipe ou mesmo de uma competição. E, muitas vezes, a primeira tarefa mais árdua do profissional contratado é fazer o cliente entender que a informação que "ele" acha interessante nem sempre é a que atrai o grande público.

Em clubes esportivos, com diferentes esportes sendo praticados ou com várias categorias de uma mesma modalidade na ativa, é comum o assessor ser cobrado por dirigentes porque um esporte aparece mais do que o outro na mídia, ou porque o título estadual conquistado pela equipe infantil sequer recebeu registro no principal jornal do estado. Por certo, todos esses são merecedores de aplausos, mas o grau de competitividade certamente vai sinalizar quem vai ganhar mais atenção dos jornais e das revistas, das rádios, das televisões e da internet.

Anos atrás, uma senhora telefonou para a redação de Esportes do *Zero Hora*, de Porto Alegre, indignada com o fato de sua neta ter ganhado o seu primeiro título estadual como velejadora em um campeonato de Optimist, classe iniciante do iatismo, e nenhuma linha das páginas esportivas ter destacado o feito. Naquele mesmo fim de semana, além da rodada das competições futebolísticas, que sempre ocupam espaços, o ainda vigoroso Mike Tyson aniquilara mais um de seus adversários, conquistando outro título mundial dos pesos-pesados. Tyson era a manchete de todos os noticiários esportivos, enquanto a garotinha mereceria seu espaço somente nos veículos de seu clube e de sua federação esportiva.

> Nem sempre o que é importante para a vida da empresa tem importância para a imprensa, no sentido de ser notícia. Entenda-se por notícia assuntos e/ou fatos que pela sua abrangência, curiosidade ou novidade são de interesse do grande público (ou do público para o qual o veículo está voltado). [...] Mesmo sendo notícia, muitas vezes o assunto pode perder em importância para outras notícias de maior peso do ponto de vista editorial. (Dias, 1994)

É primordial também que o jornalista "fale" na mesma linguagem do cliente, e que a língua escolhida seja comum a todos do grupo do assessorado, a fim de evitar que informações ou opiniões transmitidas à imprensa sejam contraditórias, conflitantes, desastrosas. Por isso, de acordo com as características do atleta, da equipe ou da competição, é preciso realizar reuniões periódicas entre a assessoria e os clientes, com o objetivo de avaliar os acontecimentos do dia ou da semana, o que deve ser divulgado, o que pode gerar uma boa pauta para todos os veículos (ou para um em específico) e os possíveis problemas.

Aliás, especialmente nos momentos ruins, é dever do assessor de imprensa deixar sempre claro ao jornalista se o seu cliente vai dar entrevistas, se ao vivo ou por telefone, quando e sobre qual assunto. A conhecida estratégia do "fulano(a) está em reunião e falará mais tarde" corre o risco de gerar mal-entendidos e, no dia seguinte, a observação nas páginas dos jornais de que, "procurado pela redação, fulano(a) não retornou o telefonema". Esta é uma atitude condenável, pois sempre há algo a se dizer.

Cabe ainda ao assessor decidir, ou pelo menos opinar, a respeito da escolha daqueles que representarão a equipe ou o evento no contato com os jornalistas. Nem sempre o diretor do departamento de um esporte, por exemplo, é o que melhor se expressa, seja por timidez, seja por nervosismo. Esses encontros freqüentes da assessoria com o assessorado e a conseqüente definição de quem atenderá a imprensa são decisivos especialmente nos momentos de crise, como a eliminação do campeonato, a derrota inesperada, a lesão do melhor atleta, a perda do patrocínio ou até ofensas vindas dos adversários.

## De igual para igual

Como a profissionalização do esporte no Brasil se deu em conseqüência do *marketing* esportivo, é essencial, ainda, que o assessor de imprensa esteja sempre atento aos objetivos dos patrocinadores de relacionar a marca com aquele esporte, defina qual mercado busca atingir, qual imagem deseja passar. Precisa, enfim, zelar pela marca que possibilita a existência daquela equipe, o desempenho crescente do atleta, a realização do evento. O que José Carlos Brunoro e Antonio Afif escreveram no livro *Futebol 100% profissional* pode muito bem ser aplicado a outras modalidades:

> Se os jovens de hoje se divertem com o computador (navegando pela internet), com a Fórmula 1 e curtem os jogos da NBA, em vez do futebol, não será pelo fato de esses esportes acompanharem a evolução da tecnologia e do *marketing*? O futebol precisa ser tratado como um produto que está à venda e, como tal, deve atender às preferências do consumidor, cuidar da qualidade e da imagem. (Brunoro; Afif, 1997)

Quando a estrutura em que trabalha é pequena, o assessor de imprensa pode assumir funções e tomar decisões relacionadas ao departamento de *marketing*. Alguns exemplos? Decidir se deve ou não colocar um anúncio no veículo local sobre a partida que vai se realizar, definir a colocação de banners com a logomarca da empresa na sala de imprensa onde ocorrerá a entrevista coletiva, lembrar o atleta de usar o boné do patrocinador na hora da entrevista para que a imagem seja "completa".

Também é importante que o assessor de imprensa estabeleça regras, não com o intuito de apoderar-se da informação, mas com a intenção de ser o mais equânime possível no tratamento com todos os veículos. Também por isso, é cada vez mais comum nos principais clubes de futebol do Brasil a determinação de que as entrevistas sejam dadas somente depois do treino, durante um tempo predeterminado e com a presença de um dirigente, do técnico e de mais um jogador. Essas atitudes são interpretadas como antipáticas, mas acabam sendo a salvação na tentativa de evitar animosidades com jornalistas.

Eu era assessora de imprensa da Frangosul/Ginástica havia três temporadas quando a equipe conquistou o título da Superliga Nacional em 1994/1995. Uma vitória inédita para o vôlei do Rio Grande do Sul. A equipe gaúcha fez 3 a 0 no *playoff* final – o terceiro tento foi ganho no ginásio do Suzano, em partida na qual o capitão Carlão sofreu uma entorse no pé direito. Ele optou por continuar em quadra, apesar de a comissão técnica da equipe lhe dizer que deveria ficar no banco para não agravar a lesão.

Na manhã seguinte à noite da conquista, ainda no vôo de São Paulo a Porto Alegre, prevendo a demanda dos jornalistas por entrevistas com o Carlão, decidimos que ele atenderia os repórteres que fossem ao clube naquele início de tarde de domingo, quando a equipe comemoraria a vitória, mas que não se deslocaria aos estúdios de rádio e de televisão, pois não conseguiria ir a todos. Teve quem reclamasse, mas pelo menos nenhum jornalista ou programa da mídia eletrônica se sentiu desprestigiado.

Nos Jogos Olímpicos de Barcelona-1992, cada modalidade esportiva era responsável por suas regras na organização das entrevistas coletivas para a imprensa. No basquete, por exemplo, depois de cada partida falava o técnico e um jogador da seleção vencedora, mais o técnico e um jogador da perdedora. Os jogadores eram escolhidos por meio de uma votação bastante informal, feita no finalzinho do jogo pelo coordenador da assessoria de imprensa do esporte, entre os jornalistas que assistiam à partida. No vôlei, os entrevistados eram sempre os técnicos e os capitães das duas equipes. Sem chances de mudanças. Outra regra, válida para todas as salas de imprensa: a pergunta e a resposta deveriam ser feitas em inglês e nas línguas das nações que disputavam a partida em questão, com traduções não-simultâneas.

Essas normas resultaram em cenas inusitadas. No basquete masculino, depois de uma partida entre as seleções do Brasil e de Angola, confronto da fase classificatória que só interessava aos jornalistas brasileiros e angolanos, não teve quem convencesse o coordenador da assessoria a abrir mão da tradução para o inglês, deixando que todos se entendessem em português, apesar dos sotaques diferentes.

Já no vôlei, igualmente masculino, estavam na quadra Brasil e Japão. Na sala de imprensa, os repórteres imaginavam por antecipação o tempo que perderiam até conseguir as declarações desejadas: pergunta em inglês, tradução em português, tradução em japonês. Então viria a resposta, nas três línguas. Depois de uma, duas, três questões, que consumiram um tempo enorme, o coordenador da assessoria do vôlei se surpreendeu ao ver que ninguém mais levantava o braço para fazer novas perguntas. Entrevista coletiva encerrada, os jornalistas brasileiros correram para cercar o técnico José Roberto Guimarães, e os japoneses fizeram o mesmo com o seu treinador. Mais rápido e eficiente, e com a conivência dos técnicos, que queriam deixar logo o ginásio.

## Especialização em alta

A especialização vai além da necessidade de o repórter ter suas fontes fiéis e competência suficiente para passar informações precisas e interpretar os fatos. O esporte, independentemente da modalidade escolhida (nem sempre por livre e espontânea vontade do jornalista), requer o domínio das regras básicas do jogo, o conhecimento das fórmulas das competições (que, no Brasil, costumam ser bastante mutáveis e, por vezes, bem complicadas) e a nomenclatura, que vai desde o vocabulário de golpes até os sinais utilizados pela arbitragem. Uma dose de conhecimento sobre *doping* e medicina esportiva também é importante.

No entanto, os especialistas tendem a desaparecer das redações brasileiras. Com a alta rotatividade observada nos anos de 1990 e com equipes cada vez mais enxutas, jornais, revistas, rádios e televisões passaram a querer trabalhar com jornalistas polivalentes. Se for especialista em algum assunto, ótimo. Mas terá que escrever e falar sobre muitos outros mais. A vida mais curta dos setoristas em clubes ou em determinados esportes, se comparada há tempos passados, também se explica pela razão que existem dúvidas se anos e anos trabalhando com o mesmo assunto e as mesmas fontes não diminuíram a motivação na busca de uma faceta diferente para um fato sabidamente corriqueiro e se não acabariam por calar as críticas.

Dessa forma, o assessor de imprensa costuma enfrentar repórteres que, embora com razoável tempo de profissão, são verdadeiros "focas" naquele assunto. Corre, por exemplo, o risco de deparar com um jornalista que se encanta com a movimentação dos juízes de linha no tênis na hora do saque. O assessor, neste caso, vê-se obrigado a dizer que o ato de encurvar as costas para ver com maior precisão se a bola bateu dentro ou fora da linha é tão comum quanto o árbitro de futebol pegar a bola do jogo, levantar o braço e apitar para indicar o final da partida.

Quem passou ou continua a atuar em assessorias de imprensa esportiva deve ter dezenas de exemplos como esse para contar. Em alguns casos, o despreparo se dá também por total falta de interesse do jornalista escalado para fazer a pauta; caberá ao assessor antecipar-se a situações como essas para evitar perguntas desnecessárias ou até absurdas. Por isso, no preparo do material de apoio que será distribuído à imprensa, é importante avaliar a necessidade da apresentação de regras básicas, da fórmula da competição e até de como interpretar um *scout* (a estatística da partida), que sempre contém informações preciosas para quem sabe encontrá-las.

## Buscando a popularidade

A popularidade de um esporte ajuda, e muito, o trabalho da assessoria de imprensa. Quem sabia o que era um *duplo twist carpado* antes da ginasta gaúcha Daiane dos Santos conquistar a medalha de ouro no Campeonato Mundial de 2003, nos Estados Unidos, e depois errar por duas vezes na sua apresentação nos Jogos Olímpicos de Atenas-2004? Quantos imaginavam o que seria uma escapada no iatismo, quando Robert Scheidt conquistou a medalha de ouro nos Jogos Olímpicos de Atlanta-1996 e, oito anos depois, conquistou o bi nas águas gregas? E termos como *drop shot*, *slice*, *tie break*, se Guga não ganhasse em Roland Garros? E o *ippon* com Aurélio Miguel, o primeiro judoca brasileiro a conquistar o ouro olímpico nos Jogos de Barcelona-1992? Há muito exemplos.

Aliás, as olimpíadas se transformam em ótima oportunidade para a assessoria de imprensa colocar o seu cliente à disposição – ainda mais que os espaços na mídia esportiva têm esse evento como prioridade – para escrever artigos, tecer comentários ou até esclarecer algum lance duvidoso para o público em geral.

Não há dúvida, as vitórias dos atletas brasileiros em importantes competições internacionais são essenciais para a popularidade do esporte, para o aumento no espaço da mídia, para a exigência de um jornalista mais bem preparado a fim de escrever ou falar sobre o assunto, esteja nas redações dos veículos de comunicação, esteja nas assessorias de imprensa. No Brasil, isso fez que alguns esportes tivessem mais especialistas em uma determinada região do que em outra.

O basquete feminino é um excelente exemplo. Apesar da medalha de prata nos Jogos Olímpicos de Atlanta-1996 e do título do campeonato mundial na Austrália, em 1994, o esporte das estrelas Hortência, Paula e Janeth não conseguiu se desenvolver em nível profissional fora de São Paulo.

Mas o nível de especialização pode se transformar em gol contra. Alguns (não muitos) jornalistas esportivos confundem a sua função com a do técnico e chegam na sala de imprensa para discutir e não analisar a estratégia tática escolhida para aquela competição.

Além disso, em uma entrevista coletiva, cabe ao assessor encontrar o equilíbrio entre o trabalho daqueles que atuam em veículos especializados, com um público bem diferenciado quanto ao conhecimento daquela modalidade, e os que escrevem para um público bastante heterogêneo. Enquanto o primeiro vai se aprofundar no assunto, avaliando questões mais técnicas, usufruindo o vocabulário daquele esporte, o segundo vai se importar com informações mais genéricas e que possam interessar ao público em geral, pois o seu texto vai ser mais ambientado, narrativo, contando histórias dos personagens envolvidos.

O próprio assessor de imprensa deve tomar cuidado com a sua especialização, pois o tempo tende a fazer que ele se envolva de tal maneira com o esporte, perdendo a capacidade de simplificar ou interpretar a informação especializada para o jornalista que se inicia naquela modalidade. Se não cair nesta armadilha, o assessor vai atuar ao lado dos jornalistas que buscam informações corretas e precisas – se despreparado para o assunto, talvez nem saiba quais – e também a favor de seu cliente.

Lembram-se daqueles *press releases* dos anos de 1980, geralmente impessoais e que invariavelmente destinavam o último parágrafo a listar patrocinadores, apoiadores e organizadores? Pois hoje eles precisam estar direcionados aos veículos para os quais são enviados. No Banana Bowl ou na Copa Gerdau, dois importantes eventos mundiais do tênis realizados no Brasil, o número de textos se multiplica de acordo com o número de cidades ou estados representados. Ou seja, os veículos de São Paulo receberão os textos com destaque e declarações dos tenistas paulistas; os de Minas Gerais, com os mineiros, e assim por diante. As fotos realizadas pela assessoria também seguem a mesma receita. E o resultado desta profissionalização tem sido aplaudido por atletas, técnicos, organizadores e patrocinadores, e deixado leitores, ouvintes, telespectadores e internautas mais bem informados.

## Referências bibliográficas

BRUNORO, José Carlos; AFIF, Antonio. *Futebol 100% profissional.* São Paulo: Gente, 1997.

CARDOSO, Maurício. *100 Anos de Olimpíadas.* São Paulo: Scritta, 1996.

________. *Os arquivos das Olimpíadas.* São Paulo: Panda, 2000.

DIAS, Vera. *Como virar notícia – E não se arrepender no dia seguinte.* Rio de Janeiro: Objetiva, 1994.

KOPPLIN, Elisa; FERRARETTO, Luiz Artur. *Assessoria de imprensa: teoria e prática.* Porto Alegre: Sagra-DC Luzzatto, 1993.

REDE BRASIL SUL. *Guia de ética e responsabilidade social da RBS.* Porto Alegre: RBS Publicações, 2004.

SIVIERO, Tânia Mara. *Herói por nós – Adhemar Ferreira da Silva, o ouro negro brasileiro.* São Paulo: DBA Artes Gráficas, 2000.

## Sites de referência

Comitê Olímpico Brasileiro
http://www.cob.org.br

ZDL
http://www.zdl.com.br

Simon Comunicação Integrada
http://www.simonpress.com.br

# Os esportes da política

## *Por que o Brasil não planeja desde cedo a formação de atletas competitivos?*

José Cruz*

Na primavera candanga de 9 de setembro de 2004, durante recepção a 98 dos 245 atletas que estiveram nos Jogos de Atenas-2004, o presidente Lula cumpriu o protocolo político-olímpico de praxe. À vontade e descontraído, tirou fotos, sorriu, elogiou dirigentes e fez mais um discurso com frases de efeito: "Vocês são a cara de meu país. Fizeram uma olimpíada fantástica". Tanto entusiasmo, porém, não amenizou a frustração que se abatera naquele ambiente.

Pouco antes do discurso presidencial, o ministro do Esporte, Agnelo Queiroz, havia anunciado que o projeto de lei para criar incentivos fiscais ao esporte, em discussão desde o governo anterior, seria substituído por outro, abrindo crédito de R$ 200 milhões no orçamento dessa pasta.

"Já que o presidente Lula gosta tanto de Cuba, acho que tinha de investir igual ao que se faz lá", sugeriu, em tom irônico, a maior ginasta

---

* Natural de Porto Alegre, mora em Brasília desde 1980. Ingressou na área de Esportes em 1986 e cobriu eventos internacionais, como os Jogos Olímpicos de Seul-1988, Sydney-2000, Paraolímpicos de Sydney e Jogos Pan-Americanos de Santo Domingo-2003. Repórter do *Correio Braziliense* desde 1997.

brasileira de todos os tempos, Daiane do Santos, 21 anos, estreante em olimpíadas. Ela se referia à necessidade de o Brasil ter uma política de esportes voltada prioritariamente para a identificação e formação de talentos e a conseqüente falta de uma lei que incentivasse investimentos da iniciativa privada no setor.

No outro extremo da experiência olímpica, o nadador Gustavo Borges, de 32 anos, prestigiado com suas duas medalhas de prata e duas de bronze, participava de sua última visita oficial ao Palácio do Planalto. Paralelamente, ele encerrava o seu ciclo olímpico de doze anos, tempo em que se acostumou a ouvir a promessa de um projeto de incentivos fiscais específico para o esporte, a exemplo do que já existe, há anos, para a cultura.

A expectativa era de que, com a lei de incentivos, o setor esportivo pudesse captar R$ 300 milhões anuais, que viriam da renúncia fiscal, na hora de as pessoas físicas ou jurídicas recolherem o Imposto de Renda à Receita Federal. Tratava-se de uma proposta ousada, pois isso implicaria menor arrecadação do governo, justamente num momento em que este precisa de um caixa mais fortalecido. Todavia, como o dinheiro se destinaria a um setor ainda sem política pública, tratava-se mais de investimento do que de despesa, com garantias de contribuir positivamente nas regiões de maior conflito social.

Como alternativa, e para tentar compensar a frustração dos atletas, o governo federal enviará ao Congresso Nacional um projeto de lei com suplementação de R$ 200 milhões ao orçamento de 2005 do Ministério do Esporte. O dinheiro será destinado à aplicação específica em projetos de base, que visem à formação de novos atletas – de futebol, inclusive.

"Esporte não é só medalha, a apoteose dos Jogos", discursou o presidente Lula, na tentativa de recuperar o ânimo dos visitantes olímpicos. E reconheceu: "Tem a formação do atleta, mas estamos fazendo menos do que vocês precisam e menos do que podemos fazer. E se a iniciativa privada não quer financiar atletas e equipes é o Estado que tem de assumir a responsabilidade". Será?

## Logo, a frustração

A frustração da comunidade esportiva nacional faz sentido. Afinal, a promessa ainda era muito recente. Durante a instalação da 1ª Conferência Nacional do Esporte, em junho de 2004, o presidente Luiz Inácio Lula da Silva surpreendeu a platéia de 1.500 pessoas que lotava a sala Villa-Lobos, no Teatro Nacional, em Brasília, ao afirmar que, com uma lei de incentivos, daria "uma dimensão ainda maior às atividades esportivas em nosso país. Estejam certos de que, em breve, estaremos remetendo esse projeto de lei ao Congresso Nacional". Os aplausos, claro, foram demorados. Entusiasmado com a repercussão do que prometera, o presidente encerrou: "Quem sabe, um belo dia, todos vocês, vestidos com essas roupas bonitas, irão até o Congresso Nacional conversar com os deputados, visitar lideranças e senadores e, quem sabe, a gente consiga aprovar essa lei com uma rapidez maior do que aquela que muita gente espera".

Depois de quatro anos de consecutivos debates pela Comissão Nacional de Atletas e pelo Fórum Nacional de Secretários de Esportes, o que era "incentivo fiscal" passou a ser apenas "incentivo", e a proposta do presidente Lula de os atletas fazerem *lobby* no Congresso Nacional foi adiada, quem sabe em definitivo. Afinal, renúncia fiscal mexe significativamente no saldo das contas do governo e até hoje não apareceu na Esplanada dos Ministérios um dirigente que veja a aplicação desse dinheiro como investimento e não como despesa.

Estudos da área de educação da Unesco indicam que as políticas públicas de esporte resultam na melhoria do aprendizado escolar e na redução de visitas das crianças e adolescentes a hospitais e postos de saúde, ou seja, caem significativamente os gastos governamentais nesse sentido.

## Medalhas e dúvidas

Perspectivas, ilusões e frustrações à parte, a questão é: por que ainda falta uma política para o esporte que inclua a formação de atletas? Depois de 115 anos de República e dezenove participações em olimpíadas – a primeira foi em 1920, na Antuérpia, Bélgica – o atleta nacional em formação ainda busca o seu rumo. De inigualável cultura futebolística, o Brasil fechou o século olímpico, em Sydney-2000, despencando na classificação dos países medalhistas, saindo do 25º para o 52º lugar no *ranking*. E, historicamente, retrocedeu 24 anos, repetindo Montreal-1976, a última vez que havia retornado de uma olimpíada sem uma medalha de ouro.

Porém, quatro anos depois da Olimpíada de Sydney, a imprensa patriótica de plantão festejou a chegada de um novo século olímpico com a ascensão nacional nos Jogos de Atenas, encerrados no dia 29 de agosto de 2004. Com dez medalhas conquistadas, sendo quatro de ouro, nossos atletas tiraram o Brasil do 52º lugar do *ranking* dos países olímpicos, colocando-o na privilegiada 18ª posição.

O feito foi exaltado, por autoridades do esporte e fora dele, como se as quatro valorizadas medalhas de ouro – duas na vela, uma no vôlei e outra no vôlei de praia – refletissem um progresso esportivo equilibrado em todas as modalidades. Algo como se os pódios tivessem sido alcançados por uma geração de competidores atendida por projetos seqüenciais bem fundamentados a partir das categorias menores e com metas claramente definidas.

Sem exageros, as medalhas de ouro que garantiram ao Brasil avançar no *ranking* foram conquistadas por atletas cujas preparações estão distantes da média nacional. Vôlei, vôlei de praia e vela – assim como o hipismo, que ganhou a medalha de prata, com Rodrigo Pessoa montando Baloubet du Rouet – além de contarem com indispensáveis patrocínios, estão permanentemente competindo no exterior, justamente contra aqueles que são seus principais adversários olímpicos.

Desta forma, independentemente do grande mérito dos pódios alcançados, os atletas de ouro não são parâmetros para concluir que houve evolução do esporte brasileiro como um todo. Este raciocínio aplica-se, também, ao hipismo, com a medalha de prata conquistada por Rodrigo e seu cavalo milionário. No entanto, em se tratando de um cavaleiro que mora na Europa, o que essa medalha de prata representa, efetivamente, em termos de crescimento do esporte nacional? Sem exageros – lamentavelmente –, essa medalha não representa nada, a não ser a valiosa colaboração do cavaleiro para exibir as cores brasileiras em eventos internacionais.

Em resumo, o Brasil esportivo é isto. Luta para desempacar, mas cada um puxa a rédea para o seu lado. Acadêmicos e políticos, dirigentes e atletas, teóricos e ideólogos do esporte, de governo a governo, enfim, repetem um desentrosamento histórico, agravado pela falta de investimentos sistemáticos e ordenados, ou seja, planejamentos de longo prazo e rigorosa fiscalização do Comitê Olímpico Brasileiro (COB) sobre o desempenho financeiro – inclusive de calendários – de cada uma das confederações a ele filiadas.

Pior: o que até os anos de 1980 tinha orientação do Ministério da Educação, que fixava as normas para a prática da educação física nas escolas, há muito deixou de existir, embora a Lei de Diretrizes e Bases (1996), em seu artigo 26, inclua essa atividade como "componente curricular da educação básica". Porém, o cumprimento dessa norma pelas escolas é mínimo, e, quando existe, mostra-se incipiente, sem que o governo se interesse em corrigir essa gravíssima distorção.

## Base precária

Diante desse quadro, não é de estranhar que na base esportiva da maioria das modalidades olímpicas a nossa situação seja precária, refletindo-se em resultados oficiais. Uma pesquisa realizada em janeiro de 2004 pelo professor Fernando Franco, diretor do Centro de Estudos de Atletismo (CEA), de Brasília, revelou um dado assustador de regressão nos resultados de jovens atletas: todos os tempos e marcas do atletismo no Campeonato Escolar Brasileiro de 1983 foram superiores aos registrados na competição correspondente de 2003, os Jogos da Juventude. Ou seja, a nova geração do atletismo, além de não ter evoluído, regrediu tecnicamente em duas décadas.

Será que foi por acaso que nos Jogos de Atenas não conquistamos uma só medalha nas provas de pista e de campo, no masculino e no feminino? Tivemos de nos contentar, enfim, com o valorizado e corajoso pódio de bronze do paranaense Vanderlei Cordeiro de Lima, que, mesmo atropelado por um maluco de saiote, teve forças para concluir a sua maratona.

Outro exemplo? Vejam este, também do atletismo, que acumula treze medalhas olímpicas: nossa última conquista de ouro na modalidade foi em 1984, com o brasiliense Joaquim Cruz, ouro nos 800 metros (1min43s00, recorde olímpico).

Pois bem. O professor Fernando Franco chama a atenção para um dado mais assustador, que se refere especificamente à renovação no atletismo. Confira: Entre 1986 e 2004, em nove edições de campeonatos mundiais juvenis, o Brasil inscreveu 196 atletas e ganhamos apenas quatro medalhas.

Já no contexto geral, se considerarmos todas as modalidades olímpicas, encerrados os Jogos de Atenas, nenhuma brasileira conquistou, até hoje, uma só medalha olímpica em provas individuais. Que tal? Culpa do atleta? Nada disso! Pelo contrário, são fatos e números que não podem ser ignorados e que revelam a nossa total falta de políticas para um setor em que os atletas são os mais prejudicados, principalmente aqueles que ficam pelo caminho de suas carreiras, frustrados devido à falta de apoio financeiro ou pela ausência de uma estrutura física para treinar.

E não se diga que as autoridades nacionais desconheçam esses dados. Isso porque assim se manifestou o presidente Luiz Inácio Lula da Silva, por ocasião da instalação da 1ª Conferência Nacional do Esporte:

> [...] temos um potencial extraordinário [de atletas] que está quase incubado. Desponta, de vez em quando, uma belíssima seleção de basquete brasileira, de outra vez desponta uma grande seleção de vôlei, de outra vez desponta um grande nadador. Mas o que nós percebemos é que o nosso potencial é infinitamente maior. E o papel do Ministério do Esporte é tentar organizar tudo isso para fazer desabrochar não apenas uma rosa ou

> duas rosas, mas fazer desabrochar, quem sabe, milhares de rosas neste país, para que a gente tenha no esporte a dimensão que o povo brasileiro já dá.

Como "desabrochar" se o orçamento ministerial, historicamente, não acompanha esse raciocínio? Estranho discurso, muito estranho!

## Escola fundamental

Não há dúvidas, reconhecem os especialistas do setor, de que falta ao Brasil uma política esportiva, que tenha início na elementar atividade física da escola, como já ocorreu em décadas passadas, tendo continuidade em projetos prioritários e que não sejam de ocasião. E, nesses projetos, envolver a universidade pública, que detém a cultura e a pesquisa de todos os segmentos da prática esportiva, a partir da educação física, passando pela área da saúde, da psicologia, da administração, da nutrição, odontologia, jornalismo etc.

Enfim, desperdiçamos esse inigualável patrimônio técnico-científico – historicamente bem explorado em países mais desenvolvidos – mas ainda longe, no Brasil, de contribuir para o desenvolvimento esportivo nacional em toda a sua abrangência.

Na prática, o "potencial extraordinário" a que se referiu o presidente Luiz Inácio Lula da Silva é fácil de explicar: existem 36 milhões de crianças nas escolas fundamental e média. É oportuno destacar que não se pode confundir atividade física na escola com esporte de rendimento. Cada uma tem o seu espaço, os seus objetivos, o seu tempo. Porém, o que se questiona é a falta de uma estratégia integrada para que se identifique os estudantes com perfis para serem encaminhados aos esportes de rendimento em centros de treinamentos, com projetos de longo prazo.

Em resumo, que esse universo de estudantes tenha atividades para melhorar as suas condições e aptidões físicas e, paralelamente, se utilize da escola como fomentadora de atletas para chegarem ao rendimento. Porém, esse recurso, explorado mundo afora, torna-se polêmico no Brasil, como veremos.

Oportuno lembrar que é nas escolas que encontramos talentos para as artes, para a literatura, para o teatro. E por que não para o esporte? A própria legislação, ao tratar desse assunto, afirma: "Aos praticantes do desporto educacional é assegurado o direito de optar pelas manifestações participativa e de rendimento". Porém, apesar de já estarmos no século XXI, continuamos discutindo se o desporto é "*na* escola ou *da* escola".

Mas a indefinição dos objetivos do Estado em relação ao esporte, o desinteresse do Ministério da Educação de fazer cumprir a Lei de Diretrizes e Bases no que diz respeito à obrigatoriedade da educação física – aqui não questionamos se essa atividade é mais correta dentro da grade escolar ou fora dela – e a discussão acadêmica dos teóricos-ideólogos do setor contribuem para que, a cada governo, renovem-se os discursos, promovam-se novos congressos e adiem-se as decisões. Historicamente é isso o que ocorreu no Brasil nos últimos vinte anos, no mínimo.

Enquanto isso, ficamos com o prejuízo do desperdício. Tomemos por base os 36 milhões de crianças do ensino fundamental e médio, por exemplo: se uma política bem orientada permitisse trabalhar com apenas 0,1% desse potencial, teríamos 36 mil candidatos passando pelo vestibular dos esportes. Como isso não acontece, a cada ano escolar desaparecem, naturalmente, na transição de suas faixas etárias, milhares de potencialidades que sequer tiveram as suas aptidões avaliadas. São os tais "talentos incubados" ou que não "desabrocharam" aos quais se referiu o presidente Lula.

Ou seja, sem a prática da educação física na escola, não temos o que já tivemos nas décadas de 1960, 1970 e início dos anos de 1980, com resultados. Logo, regredimos. E no governo do Partido dos Trabalhadores (PT), está difícil acreditar em rumos diferentes, pois o pensamento ideológico, de um lado, e o conflito político-partidário, de outro, dificultam as mudanças de rumos.

Autores consagrados ainda divergem sobre o conceito de que a escola deva ser o local de fomento de atletas. Alguns até acreditam que isso pode se tornar uma irresponsabilidade pedagógica. E é verdade. Afinal, os próprios Jogos Escolares, que até a década de 1980 eram da responsabilidade do Ministério da Educação, há três anos estão sob a coordenação do Comitê Olímpico Brasileiro (COB), que agora conta, inclusive, com recursos públicos, extra-orçamentários, vindos da Lei nº 10.264/2001, conhecida como Lei Agnelo Piva, que destina 2% das arrecadações das loterias para os esportes olímpico e paraolímpico. Ou seja, os estudantes estão disputando sob o enfoque do "profissionalismo olímpico".

A propósito, o conceituado professor da faculdade de Educação Física da Unicamp, Lino Castellani Filho, atualmente secretário nacional de Esporte e Lazer, assim se manifestou durante a 1ª Conferência Nacional de Educação, Cultura e Desporto – Desafios para o Século XXI, realizada na Câmara dos Deputados, em 2001: "O esporte escolar, por fazer parte do Sistema Esportivo Brasileiro, encontra-se subordinado à sua lógica e, por isso mesmo, não comprometido com os princípios, diretrizes e objetivos do Sistema Educacional". E complementou: "Para que o esporte escolar passe a integrar o projeto pedagógico da escola – sendo o esporte *da* e não *na* escola, propomos o seu desatrelamento do Sistema Esportivo, afastando, assim, a impropriedade de se continuar olhando a escola como um clube esportivo privilegiado".

Na mesma conferência, Castellani afirmou: "O esporte é uma das práticas sociais configurativas da cultura corporal – uma dimensão da cultura – da mulher e do homem brasileiros e que vem ganhando espaço nas reivindicações da classe trabalhadora, na luta pela melhoria de sua qualidade de vida, a par dos esforços por ela despendidos pela diminuição da jornada de trabalho. Porém, carrega em si valores da sociedade que queremos transformar". E conclui: "Assim, além de garantir o acesso ao esporte que aí está, devemos contribuir na busca do qualitativamente novo, qual seja, de uma cultura corporal esportiva sintonizada com um projeto de sociedade que se contraponha àquela que hoje vivemos".

## Indefinições governamentais

Propostas à parte, não se questiona o pensamento do professor Castellani, ex-presidente do Colégio Brasileiro de Ciência do Esporte e reconhecido, inclusive, na comunidade científica internacional. Porém, a posição dessa autoridade contrasta com os rumos propostos pelo governo como um todo e pelo ministro do Esporte, Agnelo Queiroz, em particular. Enquanto não houver uma definição do que o governo quer nesse sentido, continuaremos patinando com decisões oportunistas.

Observem, por exemplo, o que disse o presidente Luiz Inácio Lula da Silva em discurso aos atletas olímpicos que o visitaram no Palácio do Planalto, antes do embarque para os Jogos Olímpicos de Atenas, em 9 de julho de 2004:

> [...] cabe a nós, governo, criarmos as condições para que milhões de jovens deste país possam ter, a partir do ensino fundamental, a oportunidade de praticar alguma coisa.... Na verdade, nós precisamos mudar a cultura dos nossos governantes para que compreendam que a escola fundamental é a base que poderíamos criar para que as crianças tivessem ali a possibilidade de fazer as suas opções, de começarem ali a fazer o seu primeiro treinamento, porque nem todo mundo tem um pai com disposição de apostar no filho e levá-lo a chegar até onde vocês [atletas olímpicos] chegaram.

Então, Senhor Presidente, se é necessário mudar a "cultura dos nossos governantes..." de fato, estamos atrasados nessa política pública. Lamentavelmente, atrasadíssimos. Portanto, repetindo governos anteriores, ainda não foram definidos os rumos sobre o efetivo papel da escola no contexto da atividade esportiva. O próprio professor de educação física está desorientado faz tempo, tendo o seu desempenho comprometido pela falta de condições de trabalho e a baixa remuneração.

E tudo isso ocorre porque o Ministério da Educação não se interessa por esse assunto, que é também de sua competência, e sequer exige o exercício da atividade física, mesmo sendo ela, se bem conduzida, salutar para o organismo humano, contribuindo para a melhoria do desempenho escolar, como já ficou provado.

Um dos primeiros atos do ministro Agnelo ao assumir o cargo, em janeiro de 2003, foi dar continuidade ao projeto do governo anterior denominado Esporte na Escola. E, com pequenos ajustes, criou o Segundo Tempo, que, na prática, mantém as crianças na escola por mais um turno, quando supostamente desenvolve atividades físicas e práticas esportivas. Mas não há qualquer tipo de controle para confirmar que o programa está sendo cumprido.

Segundo dados do Ministério do Esporte, cerca de 500 mil crianças são atendidas pelo programa e a expectativa é chegar a 1 milhão até o final do governo, em 2006. Trata-se, na verdade, de mais um projeto assistencialista, para atender às comunidades carentes, com o objetivo de tirar as crianças das áreas de conflitos sociais, usando o esporte como apelo. Logo, nada que possa nos garantir que ali serão identificados talentos, pois mesmo que isso ocorresse, não se saberia o que fazer com o futuro atleta, pois o Brasil ainda carece de estruturas para tanto.

O interessante nesta análise é que o artigo 217 da Constituição Federal atribui ao Estado, de forma prioritária, o dever de fomentar práticas desportivas formais e não-formais. E observa, em artigo específico, que é "prioritária" a destinação de recursos públicos para a promoção do desporto educacional "e, em casos específicos, para a do desporto de rendimento". Porém, o que temos é justamente o contrário. Os principais recursos públicos do Ministério do Esporte, neste e em outros governos, são sistematicamente aplicados na área de rendimento, da competição de alto nível. O próprio Tribunal de Contas da União (TCU) já se manifestou sobre essa distorção.

## Incompetência e repetência

Em resumo: a quem compete, enfim, o compromisso de atender ao aluno na sua atividade física básica e, mais tarde, aos que se destaquem com potencial para o desporto? À escola? Ao município? Ao Estado? Ao clube social? Ao governo federal, às federações ou confederações esportivas, aos comitês olímpico e paraolímpico, aos técnicos? Ou: qual a competência do Ministério do Esporte nesse contexto? E do Ministério da Educação? E das secretarias estaduais de educação e esporte? O sistema esportivo brasileiro, na prática, é desarticulado e faz parte dessa barafunda de indefinições públicas.

No discurso político, todos querem sair dessa situação e mostrar que temos potencial para ser um país de resultados no desporto. Potencial humano e dinheiro não nos faltam, como veremos. No dia-a-dia, porém, a prática é outra. Quando temos linhas mestras, faltam as decisões governamentais. E quando as decisões são tomadas, ocorrem no bojo de uma visão política partidária que se desfaz, claro, no governo seguinte. Começa tudo outra vez, então. Debates, seminários, conferências, projetos de lei de políticos de ocasião, discursos indignados e por aí vai, fechando o ciclo histórico de mais quatro anos olímpicos sem medidas práticas, efetivas.

Os governantes e dirigentes das confederações e federações esportivas, e, principalmente, o presidente do Comitê Olímpico Brasileiro, Carlos Arthur Nuzman, reagiram a essa e a tantas outras críticas da imprensa. Para essas autoridades, o fato de a delegação brasileira não ter trazido medalha de ouro dos Jogos de Sydney, em 2000, não significa um resultado negativo. Contabilizando as conquistas de prata e bronze – foram doze, no total – lembram que é importante levar em conta as finais que os brasileiros participaram.

Além de discursos, há muitas discussões. No Congresso Nacional e fora dele. A mais recente foi a 1ª Conferência Nacional de Esportes, cujo mérito, segundo o organizador – o Ministério do Esporte – foi ter escutado "as bases". E por bases entenda-se uma abrangência ampla que não se limite ao setor, mas, também, às centrais sindicais, como a CUT e a CGT, e até o MST...

Na visão do PT, o envolvimento desses segmentos faz sentido, pois integra o princípio da democratização do esporte e de inserir essa prática numa política comunitária abrangente e não-específica. Ou seja, "a atividade física-esportiva está integrada a uma compreensão de saúde social que parta do entendimento de povo saudável como aquele que tem atendidas suas necessidades sociais de educação, trabalho, habitação, esporte, lazer como bens culturais indissociáveis de quaisquer esforços de melhoria da qualidade de vida da população", no dizer do professor Lino Castellani Filho.

## Trajetória duvidosa

Nos últimos dezoito anos, a sociedade brasileira envolveu-se em quatro amplos debates para formular propostas para uma política de esporte. A primeira, em 1986, na Comissão de Esporte e Turismo da Câmara dos Deputados. Depois, em 2001, também no Legislativo federal. No mesmo ano, uma comissão de alto nível criada pelo Ministério do Turismo e Esporte, com representantes de todos os segmentos, debateu durante um ano as alternativas para a formulação de uma proposta de política de esporte. E, finalmente, em junho de 2004, aconteceu a 1ª Conferência Nacional do Esporte. Os documentos saídos dessas reuniões são valiosos. Porém, transformaram-se em peças de pesquisa nas principais bibliotecas do país.

O professor Mário Cantarino, decano do atletismo nacional, lembrou que, entre os "documentos históricos" propondo políticas para o esporte, ainda há estes que ilustram a fartura de debates e a falta de tomadas de decisões: *Subsídios para a Implantação de uma Política Nacional de Esportes*, escrito em 1971, por J. A. Pires Gonçalves; *Política Nacional de Desportos* (1971); *Política Nacional de Educação Física e Desportos* (MEC-1975); *Política Nacional de Educação Física e Desportos* e *Plano Nacional de Educação Física e Desportos* (DED-MEC, 1976); *III Plano Setorial de Educação, Cultura e Desporto – 1980-1985* (MEC-1980); *Diretrizes Gerais para a Educação Física-Desporto* (Seed-MEC, 1981); *Panorama do Esporte Brasileiro* (Câmara dos Deputados, 1984); *Uma Nova Política para o Desporto Brasileiro – Uma Questão de Estado* (Seed-MEC, 1985).

Propostas, portanto, não faltam. Faltam, sim, decisões – longe, principalmente, das paixões político-partidárias. Mesmo porque o Ministério do Esporte conta com uma linha de assessoria sem igual, a partir do Conselho Nacional de Esporte, a Comissão Nacional de Atletas, Fórum dos Secretários Estaduais de Esporte, câmaras setoriais, enfim. Mas, essas áreas, formadas por especialistas do setor, não são consultadas como deveriam, e suas participações limitam-se a ouvir cansativas prestações de contas do governo atual. E só.

Em nível de estrutura institucional-política-administrativa, a história – e os problemas, por extensão – vem de longe. Começou em 1937, quando foi criada a Divisão de Educação Física do Ministério da Educação e Cultura (MEC), que durou até 1970. A partir daí, surgiu o Departamento de Educação Física e Desporto, ainda ligado ao MEC, e as mudanças se seguiram com freqüência, governo a governo, com impressionante voracidade dos políticos por cargos e mais cargos.

A dinâmica de mudanças é espetacular: de 1970 a 2004 o assunto "esporte" passou por dez estruturas administrativas distintas, entre ministério, instituto, ministério extraordinário, secretaria, enfim. E, pasmem, entre 1989 e 2003 – ou seja, em catorze anos –, nada menos que dezesseis autoridades ocuparam o cargo máximo do esporte, na área do governo federal.

Com a chegada de Fernando Collor de Mello à presidência – de tumultuado mandato, que culminou com seu *impeachment* –, foi criada a Secretaria de Desportos da Presidência da República, dirigida, entre março de 1990 e abril de 1991, por Arthur Antunes Coimbra, o Zico, ex-jogador do Flamengo e da Seleção Brasileira de futebol. Desde então, o que era tratado mais sob o enfoque técnico-pedagógico – dada a vinculação da educação física ao MEC – passou a ser dominado pelo assunto esporte – e, claro, despertou maior interesse político-partidário, devido, principalmente, à visibilidade que o assunto propicia na mídia em geral.

Depois de estar vinculada ao gabinete do então presidente Collor de Mello, a Secretaria de Esporte voltou ao Ministério da Educação, em outubro de 1992, sendo nomeado para dirigir o órgão Márcio Braga, depois presidente do Clube de Regatas do Flamengo. Essa estrutura durou até 1995, quando Fernando Henrique Cardoso assumiu e criou o cargo de Ministro Extraordinário dos Esportes, ocupado pelo Atleta do Século, Edson Arantes do Nascimento, Pelé, que ali ficou até abril de 1998.

O braço executivo desse ministério era o Indesp (Instituto Nacional de Desenvolvimento do Esporte), que, em apenas três anos, teve quatro titulares. O último, inclusive, o ex-deputado Augusto Viveiros (PFL), foi exonerado pelo então ministro do Turismo e Esporte, Carlos Melles

(PFL), no momento em que acompanhava os Jogos Paraolímpicos em Sydney-2000.

Interessante demonstrar este quadro de profundo interesse político: Carlos Melles percebeu que a execução orçamentária cabia ao Indesp, cujo titular, Augusto Viveiros, era também filiado ao PFL. Como, então, deixar nas mãos do "concorrente" o que há de mais valioso – as verbas – na administração ministerial? Simples: extingue-se o cargo, demite-se seu ocupante, e assume-se o controle da chave do cofre.

Com essas atitudes, comuns no Executivo, com essa fartura de mudanças de órgãos e de dirigentes e, conseqüentemente, de filosofias de trabalho, de pensamentos políticos e objetivos distintos, como pensar em políticas esportivas duradouras e de resultados?

Chegamos, finalmente, ao governo atual, em que, pela primeira vez, o Brasil tem um ministério exclusivo para os assuntos do esporte. O órgão foi entregue ao ministro Agnelo Queiroz (PC do B), um dos autores da lei que destina 2% das loterias federais aos desportos olímpico e paraolímpico.

A lei ficou conhecida como Agnelo-Piva, referência ao então senador Pedro Piva (PSDB-SP), que apresentou projeto semelhante ao de Agnelo. Ambas propostas foram apensadas e entregues a um relator, o deputado petista por Minas Gerais, Gilmar Machado. Finalmente, o documento foi aprovado no Congresso Nacional e transformou-se na Lei nº 10.264, de 16 de julho de 2001.

Em três anos de vigência, até julho de 2004, a Lei das Loterias, como também é conhecida, já rendeu aos desportos olímpicos e parolímpicos R$ 180 milhões. O dinheiro é aplicado conforme a apresentação de projetos das confederações esportivas e todos os gastos passam por auditorias do Tribunal de Contas da União (TCU).

Por conta desses recursos, as confederações esportivas puderam programar melhor o treinamento de seus atletas olímpicos, visando aos Jogos de Atenas. Atletismo, judô e natação, por exemplo, participaram de importantes *meetings* internacionais em que enfrentaram alguns dos adversários que estariam nas olimpíadas. Tudo muito rápido, porque o dinheiro, acreditem, ainda é curto.

Dos recursos recebidos da Lei das Loterias, 10% devem ser aplicados em projetos de desporto escolar e outros 5% no universitário. Parte desse valor o comitê destinará ao fundo de reserva que dispõe para criar o Instituto Olímpico, órgão que centralizará a formação de profissionais dos diferentes setores do esporte.

## Legislação sem atletas

O sistema desportivo brasileiro é disciplinado pela Constituição Federal e por outras normas, como leis ordinárias, decretos presidenciais e portarias ministeriais. Mário Drumond, advogado especialista em assuntos do esporte, chama atenção para o fato de que "na norma constitucional, o atleta sequer é mencionado, garantindo plena autonomia jurídica para as entidades desportivas dirigentes e para as associações". Ou seja, faz-se tudo sem a mínima participação daquele que, em resumo, é a razão de ser do esporte – o atleta.

A ausência do voto do atleta nos seus respectivos colegiados é, segundo Drumond, "um fenômeno antigo e está relacionado à própria lógica patronal que alimenta as relações entre os praticantes da atividade desportiva e as entidades que integram o sistema".

O ex-judoca Aurélio Miguel, medalha de ouro em Seul-1988 e bronze em Atlanta-1996, por sua vez, relaciona a exclusão dos atletas dos processos eleitorais à vontade política dos dirigentes de preservar o atual modelo de votação nas entidades desportivas.

Sobre mandatos dos dirigentes esportivos, também o velejador Lars Grael, duas medalhas olímpicas de bronze na classe tornado – Seul e Atlanta – tem se manifestado em freqüentes conferências Brasil afora. Ele resume esse assunto assim: "Da forma como estão, federações e confederações assemelham-se às históricas capitanias hereditárias". Ou seja, com transferências de comandos sem qualquer tipo de oposição, favorecendo o continuísmo de dirigentes que se perpetuam em seus cargos.

Independentemente dos benefícios que a Lei das Loterias trouxe ao esporte, há uma discussão extra que revela a necessidade de se ordenar o aproveitamento dos recursos também para atletas que ainda não atingiram o *status* de nível olímpico. Na prática, o dinheiro não chega à base do esporte, isto é, às federações, clubes e atletas, locais dos trabalhos de iniciação esportiva, justamente onde está sendo treinada a nova geração, os futuros talentos.

Mesmo porque os atletas olímpicos já contam, em sua maioria, com generosos patrocínios – da mesma forma que as confederações têm apoio de estatais, o que permitiria rever os critérios de distribuição das verbas. Com isso, seriam oferecidas oportunidades para que o Brasil esportivo pudesse alcançar resultados mais expressivos também nas categorias menores, como os atletas juvenis.

É neste universo espetacular que o Brasil ainda engatinha em termos de políticas públicas. Sobram propostas, faltam definições. Buscam-se recursos, faltam projetos sólidos. País do futebol, mundialmente consagrado, falta, também, espaço para abrigar cartolas de todos os setores que visam perpetuar-se no poder dessa atividade que oferece visibilidade de mídia sem igual.

No dizer do advogado Mário Drumond, em sua dissertação de mestrado em Ciência Política, "[...] investigar os problemas estruturais do sistema esportivo brasileiro é tratar de uma questão política, na medida em que as relações que alimentam a organização do esporte no Brasil são, essencialmente, relações de poder".

## Natação...

Nademos um pouco na história desse esporte. A natação é dirigida pela Confederação Brasileira de Desportos Aquáticos (CBDA), entidade que também concentra a administração dos saltos ornamentais, pólo aquático e natação sincronizada. Desde 1991 conta com o patrocínio da Empresa Brasileira de Correios e Telégrafos, numa parceria que teve um início curioso.

Sem recursos para financiar a viagem da seleção brasileira de pólo aquático para uma competição internacional, em 1991, o presidente da

CBDA, Coaracy Nunes, foi ousado: colocou em jornal do Rio de Janeiro o anúncio "vende-se um time". Atraída pelo inusitado chamamento, a direção dos Correios decidiu assumir a equipe. A exposição dos jogadores na mídia, com marca do patrocinador, foi tão significativa que, no ano seguinte, saiu o primeiro contrato de patrocínio, com ênfase na natação.

Dados oficiais registram a evolução dessa modalidade: de oito mil atletas federados, em 1988, passou-se para 65 mil, em 2004. Porém, essa quantidade de atletas na piscina não reflete qualidade a ponto de garantir pódios internacionais com maior freqüência.

A realização dos Jogos de Atenas, encerrados no dia 29 de agosto de 2004, sugere analisar essa modalidade com base no desempenho de nossos atletas e as perspectivas da equipe olímpica.

Pela primeira vez, desde Barcelona-1992, o Brasil retornou sem medalha na natação. Mesmo assim, não se tratou de um resultado "frustrante" – na avaliação dos dirigentes do setor, principalmente. Isso porque uma nova geração, inclusive com mulheres chegando a finais, apresentou credenciais de evolução.

Os dois maiores expoentes desse esporte até então – Gustavo Borges e Fernando Scherer, o Xuxa –, no limite de seus desempenhos técnicos, nem sequer passaram às finais de suas provas. Em resumo, nas três olimpíadas anteriores a Atenas – Barcelona-1992, Atlanta-1996 e Sydney-2000 –, a modalidade se amparou nas braçadas da dupla Borges-Scherer.

Observem estes dados referentes aos campeonatos mundiais, evento tão forte como uma olimpíada, para comprovar a carência de competidores de alto nível: com quinze medalhas conquistadas em seis edições, Borges e Scherer foram responsáveis por nove pódios individuais e mais quatro nos revezamentos 4 x 100 metros e 4 x 200 metros, nado livre.

Ou seja, à exceção dessa dupla, apenas Rômulo Arantes, bronze nos 100 metros costas, em 1978, e Ricardo Prado, ouro nos 400 metros *medley*, em 1982, garantiram pódio em provas individuais de campeonatos mundiais.

Vale o registro de que Rômulo foi o mais jovem atleta da história da natação brasileira a ser convocado para uma olimpíada. Ele tinha 14 anos quando competiu nos Jogos de Montreal, em 1976.

Foi a partir dos Jogos Pan-Americanos de Santo Domingo, em agosto de 2003, que surgiram resultados animadores, com a conquista de 21 medalhas – três de ouro, seis de prata e doze de bronze. Foi também um desempenho heterogêneo, com competidores em quase todas as provas e garantindo, no total, oito índices para os Jogos de Atenas.

Porém, vale observar esta comparação para que se tenha um quadro mais real em nível internacional: os tempos de todos os nossos medalhistas de ouro nos Jogos de Santo Domingo não garantiriam uma só vaga no pódio da Olimpíada de Sydney-2000, embora muitas dessas marcas tenham representado recordes sul-americanos.

Insistimos nessa comparação porque a natação olímpica, assim como o atletismo, é avaliada no rigor dos tempos, das marcas e dos recordes. E não é demais repetir que o Brasil, com 180 milhões de habitantes e evoluindo no *ranking* de uma das principais economias do mundo, ainda careça de quantidade de talentos.

Convivendo com essa realidade, precisamos de 28 anos, a partir dos Jogos da Antuérpia-1920, para chegar à primeira final em natação. Foi nos Jogos de Londres-1948, com Willy Otto Jordan, sexto lugar nos 200 metros, nado peito.

## De bronze e prata

Historicamente, a natação brasileira estreou em pódios olímpicos nos Jogos de Helsinque-1952, com Tetsuo Okamoto, bronze nos 1.500 metros livre. Nosso segundo atleta laureado foi Manoel dos Santos, bronze nos 100 metros livre, nos Jogos de Roma, em 1960. Mas, somente vinte anos depois, em Moscou, voltamos a ganhar medalha, assim mesmo em prova coletiva, o revezamento 4 x 200 metros livre, formado por Djan Madruga, Jorge Fernandes, Cyro Delgado e Marcus Matiolli.

Para subir um degrau no pódio e alcançar a prata, o Brasil levou 32 anos depois da conquista de Tetsuo Okamoto. Foi em 1984, na Olimpíada de Los Angeles, com Ricardo Prado, então com 19 anos.

Nadando os 400 metros *medley*, Pradinho, como era conhecido, tornou-se o primeiro brasileiro a ser vice-campeão olímpico na natação. Dois anos antes, ele havia demonstrado o seu potencial ao sagrar-se campeão e recordista mundial nessa prova, com o tempo de 4min19s78.

Já em 1992, começava o reinado de Gustavo Borges, o primeiro atleta brasileiro entre todas as modalidades a conquistar quatro medalhas olímpicas – a primeira, de prata, nos 100 metros livre (49s43), nos Jogos de Barcelona, em 1992. Nesse evento, o brasileiro ficou atrás apenas do fenômeno russo Alexander Popov.

Mas foi nos Jogos de Atlanta-1996 que a natação brasileira saiu com o seu melhor resultado em olimpíadas – porém, com os valorizados desempenhos da dupla de sempre: Gustavo Borges, prata nos 200 metros e bronze nos 100 metros livre, e Fernando Scherer, bronze nos 50 metros livre.

Nos Jogos Olímpicos de Sydney-2000, não houve pódio individual para o Brasil, mas o revezamento 4 x 100 metros livre ganhou a medalha de bronze. E quem estava na equipe? Borges-Scherer, que tiveram como companheiros de prova os nadadores Carlos Jayme e Edvaldo Valério.

## Crescimento feminino

Já entre as mulheres, Maria Lenk consagrou-se como a primeira sul-americana a disputar uma olimpíada. Foi em 1932, nos Jogos de Los Angeles, um fato ousado para aqueles anos de extremo conservadorismo. Quatro anos depois, na Olimpíada de Berlim-1936, ela terminou os 100 metros livre em quinto lugar.

Quase sete décadas depois, nos Jogos de Atenas-2004, mesmo sem medalhas, o Brasil inaugurou uma nova fase na modalidade. Com vinte competidores, a equipe evoluiu da participação de apenas uma mulher nos Jogos de Sydney-2000 – Fabíola Molina – para uma delegação de oito nadadoras. Foi, sem dúvida, a melhor participação nacional olímpica, mesmo sem pódio, pois, enfim, tivemos o surgimento de competidoras femininas e a renovação no masculino.

Em Atenas, Flávia Delaroli, nos 50 metros livre, Joanna Maranhão, nos 400 metros *medley* e o revezamento 4 x 200 metros foram à final olímpica. Joanna terminou em quinto lugar os 200 metros *medley*, e Flávia Delaroli ficou em oitavo nos 50 metros livre. A segunda final de Joanna foi um sétimo lugar com a equipe de revezamento 4 x 200 metros livre, ao lado de Monique Ferreira, Mariana Brochado e Paula Baracho.

No masculino, Thiago Pereira terminou em quinto lugar os 200 metros *medley*. Era de esperar, pois dois meses antes da abertura dos Jogos de Atenas, ele havia registrado a segunda melhor marca do ano, com 1min59s48, a quinta melhor de todos os tempos em nível mundial.

Diante da evolução feminina, e do resultado de Thiago Pereira, principalmente, não é exagero afirmar que o saldo dos Jogos de Atenas é animador. Desafios como o Campeonato Mundial em piscina curta (25 metros), em outubro de 2004, em Indianápolis (EUA), foram um importante teste para estimular o surgimento de uma geração vitoriosa nas piscinas, agora no masculino e no feminino. Certamente, os exemplos de Gustavo Borges e Fernando Scherer e o longo patrocínio dos Correios contribuíram bastante para esse crescimento.

## Handebol...

Berço do handebol, a Europa está de olho no desempenho desse esporte no Brasil. Poderia, como de praxe, continuar contratando apenas craques do futebol. Mas não. O que os europeus querem, também, é quem domine bem a bola com as mãos. E, principalmente, quem faça gols, muitos gols.

Em 2003, lá se foram três jogadores brasileiros para clubes do Velho Mundo. Depois de um ano, já eram doze jogando no exterior. O mais recente exemplo de sucesso é Bruno Bezerra de Menezes Souza. Natural de

Niterói, ele se transferiu para a Alemanha em 1999, contratado pelo Frisch-Auf-Goppingen, inaugurando o mercado de atletas brasileiros em clubes estrangeiros.

A presença de Bruno na Alemanha não foi em vão, pois em apenas uma temporada ele se consagrou. Foi eleito o terceiro melhor atleta do mundo em 2003 na modalidade; e, por conta de seu desempenho técnico, foi convocado para o All Star Game. Com esse prestígio, logo deverá se transformar em garoto propaganda de alguma marca de material esportivo.

Dos jogadores da equipe de handebol que estiveram nos Jogos de Atenas, o caso de Bruno não é isolado. O paranaense Renato Tupan Ruy começou nesse esporte quando tinha 13 anos. Evoluiu em clubes nacionais e no ano passado também já estava na Alemanha, um dos mais valorizados mercados do handebol – além de França e Suécia, principalmente –, defendendo o time do Langenau. O desempenho de Renato Tupan convenceu e na temporada de 2004 foi contratado pelo HSC Landwehrhagen, na cidade de Staufenberg.

Esses dois exemplos de sucesso surpreendem internamente. Afinal, trata-se de uma modalidade que ainda não motiva o torcedor a ir aos estádios, ao contrário do que ocorre na Europa, onde é comum ter clássicos com público de até 25 mil pessoas. Além disso, a transferência desses craques também não repercute na imprensa nacional, o que demonstra que esse “produto” ainda não se mostra “vendável” como em outros países.

Porém, o desinteresse do torcedor contrasta com outra realidade: o handebol é a principal atividade esportiva desenvolvida nas escolas públicas brasileiras, com destaque para as regiões Norte e Centro-Oeste, conforme dados da Confederação Brasileira de Handebol.

Os casos de Bruno Souza e Renato Tupan são exemplos de jogadores que começaram suas carreira em competições escolares. A preferência dos estudantes por essa modalidade tem uma explicação: a difusão do handebol deu-se por intermédio da extinta Confederação Brasileira de Desportos (CBD), que criou um departamento específico para organizar torneios. Depois, o esporte foi introduzido nos III Jogos Estudantis

Brasileiros, realizados em Belo Horizonte, em julho de 1971, com a participação de dez equipes masculinas e dez femininas. Criou-se, assim, um vínculo educacional-esportivo-cultural que perdurou.

Diante dessa preferência na área estudantil, a Confederação Brasileira de Handebol – fundada a 1º de junho de 1979 – decidiu investir em competições regionalizadas por um projeto denominado "caça talentos".

O resultado dessa iniciativa – mais ou menos nos moldes que o vôlei realiza para renovar as equipes de base e formar profissionais – começou a aparecer nos Jogos Pan-Americanos de Santo Domingo, em 2003, quando as equipes masculina e feminina conquistaram a medalha de ouro. Com os títulos de campeãs, as duas seleções garantiram, pela primeira vez, a participação conjunta em Jogos Olímpicos.

Até então, só o handebol feminino havia participado de olimpíada – em Sydney-2000, quando ficou em oitavo lugar. Agora, nos Jogos de Atenas, terminou em sétimo, porém mostrando uma evolução técnica surpreendente. Isso se deve não só à qualidade de nossas atletas, mas porque muitos deles atuam em fortes clubes europeus.

Para desenvolver a programação do caça-talentos, a Confederação Brasileira de Handebol conta com recursos da Lei das Loterias (nº 10.264/2001), administrada pelo Comitê Olímpico Brasileiro, além de patrocínios particulares e da Petrobrás, a mais nova parceira desse esporte. Aliás, dois meses depois de ter assinado o primeiro contrato de parceria com essa estatal, em 2003, o handebol brasileiro estava no primeiro degrau do pódio Pan-Americano, nos Jogos de Santo Domingo. Uma estréia de ouro, portanto, em nível continental.

O maior interesse dos europeus na prática desse esporte deve-se às próprias origens do handebol, modalidade que começou a ser praticada na Alemanha, na última década do século passado, com o nome de *raftball*. Entretanto, com o crescimento do futebol – com quem dividia o espaço de jogo – e com as dificuldades do rigoroso inverno europeu, o handebol de campo foi, aos poucos, se transferindo para ginásios cobertos. Nesses ambientes, mostrou-se mais veloz e atrativo e consagrou-se na forma como é jogado atualmente.

Originalmente, isto é, em "campo", o handebol estreou em olimpíadas em 1936, em Berlim; na forma de "salão", ingressou na competição nos Jogos de Munique-1972, na categoria masculina. Na olimpíada seguinte, Canadá-1976, estavam homens e mulheres, mantendo-se assim desde então.

Foram os alemães, quando começaram a imigrar para o Brasil logo após a Primeira Guerra Mundial, que trouxeram esse esporte para a região Sul, por conta das semelhanças climáticas. E foi em São Paulo que ele se desenvolveu mais rapidamente, quando, em 1940, fundou-se a Federação Paulista de Handebol, que introduziu a modalidade em salão, consagrando-se, assim, em definitivo.

Do ponto de vista das políticas do esporte (ou dos "esportes da política"), handebol e vôlei, dois esportes de equipe, têm desempenho, financiamento e visibilidade ainda bastante desiguais.

## Referências bibliográficas

COELHO, Mário Drumond. *Esporte e poder: problemas estruturais do Sistema Esportivo Brasileiro.* Dissertação de mestrado – UnB. Brasília, 2003.

MANHÃES, Eduardo Dias. *Política de esportes no Brasil.* 2. ed. São Paulo: Graal, 2002.

NAKAMURA, Oswaldo Fumio. *Natação nas olimpíadas – história e resultados, de 1896 a 2000.* São Paulo: Emopi, 2001.

VIANA, Eduardo. *O poder no esporte.* Rio de Janeiro: Sprint, 1994.

## *Sites* de referência

Ministério do Esporte
http://www.esporte.gov.br

Centro Esportivo Virtual – CEV
http://www.cev.org.br

Portal do Direito Desportivo
http://www.marciliokrieger.com.br

Comitê Olímpico Brasileiro – COB
http://www.cob.org.br

Conselho Federal de Educação Física – Confef
http://www.confef.org.br

Confederação Brasileira de Handebol
http://www.brasilhandebol.com.br

Confederação Brasileira de Desportos Aquáticos – CBDA
http://www.cbda.com.br

# De máquinas e homens

*A internet se tornou um dos principais meios de comunicação sobre fórmula 1*

FLAVIO GOMES*

Quando Emerson Fittipaldi começou a ganhar corridas no exterior, lá pelo final dos anos de 1960, e, em 1972, juntou cem mil pessoas em Interlagos para ver uma estranha corrida de baratinhas, tendo a acreditar que uma espécie de alarme soou na mídia brasileira. "Que *cazzo* é isso?", deve ter bradado um chefe de redação qualquer, segundo o que minha mente fértil permite imaginar.

Chamar de mídia a imprensa brasileira dos anos de 1970 também é quase uma licença poética. Primeiro, o termo nem existia, que eu saiba. Era a imprensa mesmo. E posso estar sendo injusto com parte dela. Afinal, já havia uma certa cultura automobilística na imprensa nacional pelo menos desde o final dos anos de 1950, quando a indústria auto-

* Flavio Gomes é jornalista desde 1982. Trabalhou no *Popular da Tarde*, rádio Cultura, rádio USP, *Folha de S.Paulo*, revista *Placar*, rádio Jovem Pan, rádio Bandeirantes e, desde 1994, tem a agência Warm Up, que fornece cobertura de fórmula 1 para vários jornais brasileiros, entre eles o diário esportivo *Lance!*. Cobre fórmula 1 desde 1988. É dono do *site Grande Prêmio* (www.grandepremio.com.br), o único do mundo em língua portuguesa que acompanha todas as etapas do Mundial.

mobilística recebeu um decisivo empurrão do governo Juscelino Kubitschek para iniciar a transformação do Brasil de uma nação camponesa que plantava mandioca em um país industrializado capaz de fabricar carros.

Para se falar de cobertura de fórmula 1, é necessário voltar esse meio século no tempo. Aliás, é bom que se diga, a fórmula 1 tem essa idade, pouco mais, já que o primeiro campeonato mundial, com esse nome, foi disputado em 1950. Posso e devo estar me esquecendo de alguém, mas é preciso que se nomeie um precursor: Wilson Fittipaldi, o pai, o Barão, que lá pelo fim dos anos de 1940 já se aventurava na Europa para transmitir corridas pelo rádio para a Panamericana, hoje Jovem Pan. Até onde meu conhecimento permite chegar, Wilson foi o jornalista que percebeu antes de todos o que era automobilismo, e quanto aquelas provas de velocidade podiam ser interessantes para o público.

O Barão partiu, então, atrás de Chico Landi, ídolo paulistano, outro que pode ser incluído na lista de precursores de alguma coisa no Brasil, em que pese o fato de outros pilotos terem corrido no exterior antes. Mas fiquemos com *seu* Chico, como até hoje ele é tratado pelos mais antigos, e com o Barão, para tentar entender o formato atual da cobertura jornalística de fórmula 1 num país que ganhou oito títulos mundiais e que faz parte da história desse esporte não como uma excentricidade, mas como um agente ativo e produtor de campeões.

## Contexto dos Fittipaldi

Voltemos a 1972. Com cem mil pessoas no autódromo e um brasileiro, poucos meses depois, sagrando-se campeão mundial de alguma coisa, a imprensa não poderia mais ignorar as corridas de automóveis. Antes, elas eram objeto de cobertura apenas de algumas revistas especializadas, e, eventualmente, de jornais que promoviam certas competições.

Não havia cobertura sistemática de nada na grande imprensa diária (por grande imprensa, leia-se jornais, especialmente). Acredite ou não o jovem leitor, os jornais já foram muito importantes no Brasil, bem mais do que hoje em dia.

No rastro da implantação da indústria automobilística nacional, cujo marco zero é o ano de 1956, quando saiu da fábrica da Vemag no Ipiranga, bairro de São Paulo na divisa com o ABC, a primeira perua DKW, começaram a surgir também as primeiras publicações voltadas ao consumidor entusiasmado com a novidade. A revista *Quatro Rodas* foi a primeira. Depois veio a *Autoesporte*. As fábricas de automóveis precisavam vender. Um *boom* publicitário se seguiu. Grandes agências multinacionais ganharam clientes novos. E as corridas passaram a ser uma ferramenta bastante eficiente para vender carros. "Possante" passou a ser termo largamente usado para definir um carro. E um carro só mostrava que era possante se fosse capaz de correr e chegar na frente dos outros.

Nesse contexto, o automobilismo de competição deu um salto no Brasil nos anos de 1960, com as principais fábricas formando suas equipes oficiais e contratando pilotos para seduzir compradores. DKW, Simca e Willys entraram na brincadeira. Um pouco mais tarde, a Volkswagen também, quando começaram a surgir os primeiros campeonatos de monopostos. E foi dessa salada geral que saiu Fittipaldi.

Até então, a fórmula 1 era para a imprensa brasileira o circuito de Grandes Prêmios. Charmosa, glamourosa, rica, européia, coisa de lordes e *gentlemen*. Corria em Mônaco, Monza e Nürburgring, sítios imediatamente alçados à condição de templos da velocidade. Quem gostava, na época, tinha de seguir as peripécias dos "ases" pelas revistas, com considerável atraso. Mas, mesmo assim, nomes como os de Jim Clark, Graham Hill e Jackie Stewart foram sendo incorporados ao imaginário dos *playboys* que formavam a tribo dos automobilistas de São Paulo, indiscutível nascedouro dessa galera por causa de Interlagos, o único autódromo decente do país.

Abra-se aqui um parêntese. No Sul, especialmente no Rio Grande, essa cultura e essas tribos já existiam, também. Mas em simbiose com a Argentina de Fangio & Cia. Não era algo muito cosmopolita, como se pretendiam os paulistanos. Tratava-se da cultura das carreteiras, das corridas em pistas de terra ou em estradas com velhos carros americanos dos anos de 1940 transformados em automóveis de competição. Era outra coisa, em resumo. Fecho o parênteses.

E de repente surge o tal Fittipaldi com pintas de herói nacional, numa época em que tudo o que o governo militar queria eram heróis capazes de levar nossa bandeira com orgulho a todos os rincões para provar a grandeza daquele Brasil novo e disposto a deixar para trás um passado agropastoril e as bananas da cabeça de Carmem Miranda, que nem brasileira era.

Veio bem a calhar. Um brasileiro campeão de uma modalidade disputada por europeus, em sua absoluta maioria, em automóveis velozes e possantes feitos na Inglaterra, França, Itália e Alemanha. Cem mil pessoas num autódromo, jornalistas do mundo inteiro por estas bandas. Então é melhor a gente ver direito que diabo é isso. Deve ter sido o pensamento daquele chefe de redação do primeiro parágrafo.

E nascia assim, por pura necessidade, a mídia especializada em fórmula 1, meio de supetão. Ainda uma vez mais, perdoem-me, os pioneiros que escreviam para *Quatro Rodas* e *Autoesporte*, e algumas outras publicações das quais não me lembro agora. E, ainda, Reginaldo Leme, talvez o primeiro da chamada grande imprensa a notar a existência da fórmula 1, em *O Estado de S. Paulo*.

Claro, já havia uma mídia especializada. Mas era numericamente pouco relevante. O fato é que de uma hora para outra jornais, rádios, TVs e revistas viram-se obrigados a destacar gente para cobrir aquele negócio que tinha um brasileiro campeão. E era um esporte. E onde estava alojado o maior contingente da – eis aí outro termo do arco da velha – crônica esportiva? No futebol, claro. Pois então que se transformem os boleiros em especialistas em corridas!

Eu era muito novo e não tenho elementos para julgar com propriedade. Posso outra vez estar cometendo terríveis injustiças, mas consigo imaginar o que eram as transmissões e coberturas de fórmula 1 no início dos anos de 1970 a cargo da turma da bola. Narradores e comentaristas habituados a endeusar Pelé e Garrincha vendo-se diante de nomes estrangeiros, protagonistas de uma competição de natureza estranha, ambientada na aristocrática Europa, onde se falava francês, italiano e inglês, principalmente. Deve ter sido uma balbúrdia.

## "Ratos" valorizados

Os resultados do Brasil nas pistas, porém, forçaram uma depuração. A necessidade de especialização virou urgência, porque o público, como sempre, saiu na frente. Leitores, ouvintes e telespectadores passaram a exigir maior precisão daqueles que falavam e escreviam. Jornalistas abnegados, que nos anos de 1950 e 1960 comportavam-se como solitários "ratos de autódromo", de repente, viram-se valorizados. Ex-pilotos viraram jornalistas. Posso citar nomes, como Cândido Garcia, Janos Lengel, Edgard Mello Filho. E o inabalável Barão, claro, que além de tudo era pai do herói da vez.

Os anos de 1970, assim, acompanharam o nascimento de gerações. Primeiro, de admiradores e seguidores da fórmula 1; depois, de jornalistas especializados naqueles carros e pilotos, conhecedores de um universo ainda inexplorado. Emerson seria bicampeão em 1974. Outros pilotos surgiram, como José Carlos Pace e Nelson Piquet. Era um caminho sem volta. A TV Globo (a Tupi também, que me lembre, e a Bandeirantes, igualmente, no início dos anos de 1980) passou a transmitir as corridas ao vivo e em cores. Jornais e revistas designaram correspondentes para fazer só isso, muitos deles vivendo na Europa. O Brasil continuou ganhando corridas, e depois teve uma equipe, e depois surgiu Ayrton Senna.

Em uma linha do tempo que se queira traçar para contar a história do jornalismo especializado em fórmula 1 no Brasil, Emerson Fittipaldi é o marco zero, Piquet aparece como seu sucessor, mas, sem dúvida, é em 1984 que se deve estabelecer o início de uma nova era. Fácil explicar. Senna já chegou à fórmula 1 respaldado por uma carreira em categorias menores, que foi seguida de perto pelos que já estavam na Europa cobrindo Piquet e Emerson. Portanto, não era um zé-mané qualquer.

Nele, o currículo assim o permitia, depositavam-se as esperanças e expectativas de seqüência de uma linhagem vencedora. Junte-se a isso o fato de o Brasil, no futebol, viver, àquela época, seu maior período de estiagem. Não ganhava uma Copa desde 1970, e só viria a ganhar de novo em 1994. A fórmula 1 virou a menina dos olhos da grande imprensa, com a indiscutível alavancagem da Globo, de sua formidável audiência e de sua capacidade de criar ídolos e preferências nacionais.

Com Senna, um potencial campeão, e Piquet, bi, nas pistas, a cobertura de fórmula 1 no Brasil deu um salto de qualidade. Os quatro maiores jornais do país passaram a enviar repórteres a todas as corridas: *O Globo*, *O Estado de S. Paulo*, *Jornal do Brasil* e *Folha de S.Paulo* – esta, a última a aderir à onda da velocidade, apenas em 1990, com imperdoável atraso e falta de visão.

Emissoras de rádio como Jovem Pan, Bandeirantes, Globo e algumas do Sul reforçaram suas coberturas e também transmitiam os GPs com narrador, comentarista e repórter *in loco*. A concorrência entre os veículos de comunicação foi benéfica. No auge da era Senna, da qual eu já participava, o contingente da mídia brasileira em cada corrida oscilava entre 15 e 25 pessoas, contando técnicos e cinegrafistas.

A turma do futebol, chamada às pressas nos anos de 1970, tirou o time de campo. Ou, antes, voltou ao seu campo. Em meados dos anos de 1980, aí sim, já se pode falar numa mídia especializada em fórmula 1. Com alguns vícios do passado, é verdade, mas que foram sendo apagados com a velocidade absurda da revolução nas comunicações e com a chegada de jornalistas mais jovens e mais adequadamente preparados para cobrir um esporte que falava outra língua e tinha, por parte do público, um nível de exigência cada vez maior de informações precisas e bem apuradas.

Explicar o resultado de uma corrida era tarefa mais difícil do que dizer que o Flamengo ganhou do Vasco porque jogou melhor. Era preciso entender de motores, pneus, estratégias, câmbios, conhecer os bastidores, os negócios, o dinheiro envolvido, detectar tendências, imergir num mundo muito particular em suas relações e interesses.

## Vivência imediata

Foi nesse período que mergulhei na fórmula 1, e agora o meu "depoimento" passa a ser pessoal. Fiz parte das duas gerações nascidas nos anos de 1980, a dos torcedores e consumidores de informações exigentes, no início da década, e a dos jornalistas especializados, no final dela. Em 1988, fui cobrir minha primeira corrida, no Rio. Era editor-assistente de Esportes na *Folha*.

A *Folha* estava alguns anos atrasada em relação à concorrência, que desde os tempos de Piquet já dava muito mais atenção à fórmula 1. Caí de pára-quedas em Jacarepaguá, mas sabendo como aterrissar sem quebrar nada. Autódromos não eram uma novidade para mim. Todos os anos assistia ao vivo ao GP do Brasil e lia tudo que me caía nas mãos sobre fórmula 1, embora não fosse um fanático, longe disso. O tema me interessava: carros, velocidade, mulheres, grana, viagens.

Com cargo de chefia no jornal, e com Senna se sagrando campeão no final daquele ano, era natural que eu puxasse essa sardinha para a minha brasa. Eu e minha equipe, na época, começamos a valorizar a fórmula 1 e, não raro, era o esporte com mais espaço no caderno, mais até do que o futebol, muitas vezes. No ano seguinte, cobri minha primeira corrida no exterior, em Paul Ricard. Fui a algumas outras. O jornal relutava em gastar fábulas com alguém destacado só para isso, mas em 1990, finalmente, rendeu-se às evidências. Senna era o maior ídolo nacional e, de quebra, ganhava tudo. Não cobrir aquilo era dar um tiro no pé.

Ainda em 1988, contratamos Mario Andrada e Silva, que não era jornalista, mas conhecia fórmula 1 como poucos. Sua fluência em várias línguas e sua cultura automobilística, talhada pela leitura, desde a infância, de publicações italianas, inglesas e francesas, era um enorme diferencial mesmo em relação aos correspondentes dos outros jornais que moravam na Europa. Estabelecemos um padrão de cobertura que, aos poucos, passou a ser seguido pelos demais. Mas, é claro, a presença nos GPs era fundamental. E foi só em 1990, com sua transferência para Paris, que a *Folha* passou a dar à fórmula 1 a importância que ela tinha.

Por ser o maior jornal do país, e naqueles anos era bem mais importante que os demais, a *Folha* passou a ditar o ritmo das coberturas. Os outros três grandes se mexeram e passaram a contar com jornalistas altamente competentes também, e especializados: Mair Pena Neto, Castilho de Andrade, Milton Coelho da Graça, Luiz Antonio Guerrero, Wagner Gonzalez, Celso Itiberê. Que me perdoem os esquecidos dessa pequena lista. Ainda havia o pessoal das revistas, como Lemyr Martins, Luiz Alberto Pandini e alguns que vieram mais tarde como Livio Oricchio, José Henrique Mariante, Fábio Seixas e Everaldo Marques.

A Globo manteve sempre a sua dupla tradicional no comando das transmissões, Galvão Bueno e Reginaldo Leme, mas preparou outros narradores também, como Luiz Alfredo, Cléber Machado e Luis Roberto, este vindo do rádio. Ainda na Globo, os repórteres escalados para cobrir fórmula 1 passaram a fazer quase que só isso, como Roberto Cabrini, Marcos Uchôa, César Augusto, João Pedro Paes Leme, Pedro Bassan. Nas rádios, Nilson Cesar, Eder Luis, Odinei Edson, Oscar Ulysses, Claudio Carsughi, Cândido Garcia, Edgard Mello Filho, Jorge de Souza. Chegou-se, pode-se dizer hoje, a uma espécie de elite do jornalismo esportivo, pelo grau de exigência da fórmula 1 e de seu público.

As coberturas ganharam um tom mais profissional, disso não há dúvida. Cobrir fórmula 1 no final dos anos de 1980 e até a morte de Senna, em 1994, era meta de muita gente, posto invejado em qualquer redação não só pelo batido *glamour* da competição e das viagens, mas também pelo espaço que a fórmula 1 ganhou nos meios de comunicação.

## O tipo multimídia

Essa cobertura arrefeceu depois do acidente de Ayrton em Ímola. Já no ano seguinte, dois dos grandes jornais, os do Rio, deixaram de enviar repórteres. As equipes de rádio foram reduzidas. A própria Globo passou a transmitir muitas provas *off-tube*, com narrador e comentarista nos estúdios, no Brasil. As revistas esqueceram-se do assunto. Sobraram poucos a seguir o Mundial em todos os países, independentemente dos resultados brasileiros na pista.

E veio a internet, a partir de 1996, para preencher uma lacuna nas necessidades do público consumidor de informações d'além-mar. Hoje, para os brasileiros, a internet é a maior fonte de notícias da categoria, dado o espaço reduzido nos jornais, na própria TV, que tem a exclusividade dos eventos, e a inexistência de periódicos especializados.

Vivi, e ainda vivo, todas essas fases. Foi preciso um grande esforço de adaptação e a necessária migração para uma cada vez mais em voga modalidade de jornalista, o tal do "multimídia". Atuar em apenas um tipo de veículo de comunicação já não basta. Integrar as mídias é algo absolutamente vital. Mas, mais do que tudo, é preciso viabilizar a cobertura comercialmente. E os jornalistas que insistiram na fórmula 1 estão se vendo, de dez anos para cá, na condição de empreendedores, também.

## A cobertura em si

Cobrir fórmula 1 é um negócio caro, mais do que difícil. São pelo menos dezessete viagens internacionais, cerca de noventa dias vivendo no exterior, gastando em euros e dólares com hotéis, aluguéis de carros e restaurantes, além de linhas telefônicas, horários de satélite, produção, transporte de equipamento etc. etc. etc. Ninguém mais mantém um jornalista vivendo na Europa só para acompanhar as corridas. É caro demais.

E os correspondentes, infelizmente, são cada vez mais supérfluos, na visão estreita dos empresários de comunicações, já que a internet tapa o buraco de quase qualquer cobertura. Com tanta informação disponível sobre qualquer assunto, hoje, também o nível de exigência de leitores, telespectadores e ouvintes parece estar caindo. Ou, no mínimo, resvalando na indiferença.

A cobertura em si não é tão complicada, desde que se cumpram algumas exigências básicas: falar inglês, entender de carros, conhecer a história da categoria, e construir uma boa rede de informantes. Muita informação na fórmula 1 corre entre jornalistas e entre eles é trocada.

Falar com pilotos, engenheiros e figuras proeminentes não tem nada de impossível. Mas seguem-se normas, horários e locais preestabelecidos. Todas as equipes têm assessores de imprensa e controlam o conteúdo do que dizem seus pupilos. Há muitos interesses corporativos envolvidos, orçamentos fabulosos. Daí que a discrição é o tom. Por isso, durante a programação oficial de um GP, raros são os furos ou notícias bombásticas.

## Falta um supercampeão

Mas é preciso "estar lá" para cobrir direito. Com a velocidade em que as coisas acontecem num mundo tão competitivo como o da fórmula 1, perder o contato com o ambiente é um risco. Isso vale, aliás, para qualquer modalidade. Entender as nuances de um esporte ligado à tecnologia, observar suas tendências, compreender o entorno, tudo isso é fundamental para levar ao consumidor final uma informação de credibilidade. E, também, é preciso despir-se de qualquer idolatria ou traço de nacionalismo barato. Isenção, como em qualquer cobertura jornalística, é tudo.

Há um problema recorrente com alguns jornalistas que cobrem fórmula 1 e outros que aspiram chegar lá: a admiração exagerada pela categoria, que às vezes os cega para seus pecados – que ocorrem às pencas. A fórmula 1 não é nenhum eldorado perdido, e está longe, muito longe, de ser a coisa mais importante do universo, embora seus personagens pensem e ajam como se fossem – jornalistas incluídos. Tratam temas banais como segredos de Estado, são melindrosos e falsamente misteriosos. Embarcar nesse tipo de percepção é o primeiro passo para tornar-se um bobo da corte que baba ovo para qualquer tolice que se fala num *paddock*.

O fim da fase áurea do Brasil na fórmula 1, facilmente localizado no dia 1º de maio de 1994, enxugou o contingente de jornalistas do país nas corridas. Apesar da falta de resultados expressivos, é um erro dos veículos de comunicação desprezar uma categoria que, até este 2004, em pouco mais de vinte anos, formou, graças a oito títulos mundiais e 86 vitórias, uma enorme legião de seguidores. E, nos últimos anos, a fórmula 1, como nenhum outro esporte, se globalizou.

O interesse por ela, no mundo todo, não é condicionado à nacionalidade dos vencedores. Claro que ajuda. No dia em que a Malásia tiver um piloto ganhando corridas, é provável que o autódromo de Sepang fique mais cheio do que habitualmente. Mas a fórmula 1 corre na Malásia mesmo assim. Isso vale para qualquer país.

Nunca um japonês venceu um GP. Mas Suzuka, todos os anos, recebe multidões para sua corrida. China, Bahrein e Turquia são outros mercados abertos pela categoria. Seu caráter de negócio, de ferramenta de propaganda para fabricantes de tudo que se pode imaginar, nunca foi negado. Mas, por trás dele, há a competição, o básico de qualquer esporte: um ganha, outros perdem. E a patuléia gosta disso.

O desejo de associar a imagem de uma empresa a tudo que a fórmula 1 representa é o que vem movimentando a roda financeira da categoria desde que uma marca de cigarros pintou seu nome num carro da Lotus, no fim dos anos de 1960. É um desejo compreensível. As corridas são transmitidas ao vivo para mais de duzentos países e têm uma audiência acumulada durante o ano de 7 bilhões de telespectadores. São cerca de quinhentos milhões de pessoas assistindo a cada um dos dezoito GPs de uma temporada, dados oficiais da FOM (Formula One Management) de 2003.

O Brasil, ao contrário do que se imagina e do que levam a acreditar os veículos de comunicação, não passou a ignorar a fórmula 1 depois da morte de Senna. Houve uma queda natural nos índices de audiência da TV, seguido de uma estabilização com tendência de alta ao longo dos últimos anos. O evento é lucrativo para a emissora. A corrida de Interlagos sempre tem casa cheia. É o maior evento esportivo internacional realizado em território brasileiro. Sorte dessa gente que existe a internet.

Os poucos jornalistas que seguem cobrindo fórmula 1 no Brasil atendem praticamente toda a mídia nacional. Trabalhando para e como agência de notícias, seu material é distribuído em rede. O ruim disso é que a cobertura fica pasteurizada. A busca do diferencial deixou de ser prioridade para jornais que tradicionalmente tinham na informação exclusiva e individualizada uma força de venda. Pelo menos até que surja um novo campeão.

# Sergio Vilas Boas

Nasceu em Lavras (MG) em 1965. Cresceu e educou-se em Belo Horizonte. É jornalista formado pelo Uni-BH e mestre em Ciências da Comunicação pela ECA/USP, onde também prepara atualmente sua tese de doutorado. Seu principal campo de interesse, pesquisa e trabalho é o jornalismo narrativo, especificamente histórias de vida, biografias e perfis. Autor de crônicas, artigos, reportagens especiais, entrevistas, ensaios, perfis, contos e resenhas de livros nas mais diversas áreas, que incluem política, educação, administração, tecnologia, negócios e cultura.

Trabalhou no *Diário do Comércio*, de Belo Horizonte, época em que foi agraciado com dois prêmios: Prêmio Fiat Allis de Jornalismo Econômico 1996, pela série de reportagens sobre conflito de gerações em empresas familiares de Minas Gerais; e Profissional de Mídia do Ano em Comunicação Empresarial 1997, da Associação Brasileira de Jornalismo Empresarial (Aberj), pelo conjunto do trabalho desenvolvido. Em São Paulo, onde reside desde 1998, trabalhou na *Gazeta Mercantil* e na *Folha de S.Paulo*.

Além de contos publicados nas revistas *E* (do Sesc-SP) e *Cult*, é autor dos livros *O estilo magazine* (1996), *Biografias & biógrafos* (2002) e *Perfis* (2003), publicados pela Summus; e de *Os estrangeiros do trem N* (Rocco, 1997), obra que lhe valeu o Prêmio Jabuti 1998 na categoria Reportagem. Edita e coordena, com outros três jornalistas-pesquisadores, o TextoVivo – Narrativas da Vida Real: *www.textovivo.com.br*.

# Coleção Formação & Informação

O desafio educacional deste início de século XXI pode ser sintetizado em duas diretrizes: formar para compreender e conhecer para transformar. Como as extraordinárias mudanças científicas, tecnológicas e filosóficas das últimas décadas ainda não se refletiram na diminuição das desigualdades globais, fazem-se necessários, mais que nunca, estudos proativos, ações inovadoras, senso crítico vigoroso, solidariedade e auto-exames: descobrir soluções viáveis para os graves problemas sociais herdados do século passado.

Muitas organizações jornalísticas já perceberam que não podem mais – sob o manto de uma neutralidade simulada – omitir-se em relação aos interesses genuinamente coletivos. Os leitores-telespectadores-ouvintes-internautas da era digital têm a oportunidade ímpar de navegar por múltiplos canais de informação. Mas não se trata apenas de poder informar-se ou sentir-se informado. Mais e mais pessoas desejam ir além, querem aderir a experiências construtivas concretas, dando novo significado à lógica do consumismo ou mesmo recusando-a.

*Formação & Informação* nasceu para vislumbrar alternativas nessa linha. Os volumes fornecem conteúdos essenciais sobre macrotemas jornalísticos e mostra como decifrá-los para o público (iniciado ou leigo). Escritos sob óticas diversas, os artigos partem da premissa de que um comunicador social deve se aprofundar em um assunto de maneira sistêmica, e de que o público, por sua vez, precisa se situar no turbilhão de dados desconexos próprio do nosso momento histórico. Significa que é preciso inter-relacionar fatos, experiências e valores humanos; semear o presente, originando o passado, antevendo o futuro.

*Sergio Vilas Boas*

## LEIA TAMBÉM

*Formação & Informação Ambiental*

Meio ambiente é um setor de cobertura jornalística que trafega entre a economia, a política, a ciência e a cultura. O tema exige visão sistêmica e habilidade para quebrar a frieza dos fatos, estabelecer nexos, despertar consciências. Os autênticos jornalistas dessa área alimentam, no fundo, um ideal: defender todas as formas de vida.

A imprensa cotidiana não tem valorizado o jornalismo ambiental como especialidade. Tampouco o concebe como um conjunto de inter-relações. A sensação inicial do público, então, é de vazio. Os noticiários atormentam, confundem e desmobilizam, quando poderiam – por que não? – iluminar, traduzir e difundir propostas sustentáveis.

Escrito por especialistas na área, *Formação & Informação Ambiental* fornece esclarecimentos e vivências sobre seis tópicos fundamentais: energia, água, alimentos, ecossistemas, economia sustentável e inchaço urbano. De forma clara e aprofundada, os autores apresentam aqui conexões instigantes, que vão da utopia à realidade, do problema às soluções, do incidente aos processos, do viável ao justo, do jornalismo "neutro" ao "ecojornalismo".

**IMPRESSO NA**
**sumago** gráfica editorial ltda
rua itauna, 789 vila maria
**02111-031** são paulo sp
telefax 11 **6955 5636**
**sumago**@terra.com.br

GRÁFICA
sumago

dobre aqui

ISR 40-2146/83
UP AC CENTRAL
DR/São Paulo

**CARTA RESPOSTA**
NÃO É NECESSÁRIO SELAR

O selo será pago por

summus editorial

05999-999 São Paulo-SP

dobre aqui

recorte aqui

FORMAÇÃO & INFORMAÇÃO ESPORTIVA

**summus editorial**

# CADASTRO PARA MALA-DIRETA

**Recorte ou reproduza esta ficha de cadastro, envie completamente preenchida por correio ou fax, e receba informações atualizadas sobre nossos livros.**

Nome:______________________ Empresa:______________________

Endereço: ☐ Res. ☐ Coml. ______________________ Bairro:____________

CEP: ________-______ Cidade: ______________ Estado: ______ Tel.: ( ) ____________

Fax: ( ) ______________ E-mail: ______________ Data de nascimento: ____________

Profissão:______________ Professor? ☐ Sim ☐ Não Disciplina: ____________

**1. Você compra livros:**

☐ Livrarias ☐ Feiras
☐ Telefone ☐ Correios
☐ Internet ☐ Outros. Especificar:____________

**2. Onde você comprou este livro?**

______________________

**3. Você busca informações para adquirir livros:**

☐ Jornais ☐ Amigos
☐ Revistas ☐ Internet
☐ Professores ☐ Outros. Especificar:____________

**4. Áreas de interesse:**

☐ Educação ☐ Administração, RH
☐ Psicologia ☐ Comunicação
☐ Corpo, Movimento, Saúde ☐ Literatura, Poesia, Ensaios
☐ Comportamento ☐ Viagens, *Hobby*, Lazer
☐ PNL (Programação Neurolingüística)

**5. Nestas áreas, alguma sugestão para novos títulos?**

______________________

**6. Gostaria de receber o catálogo da editora?** ☐ Sim ☐ Não

**7. Gostaria de receber o Informativo Summus?** ☐ Sim ☐ Não

cole aqui

**Indique um amigo que gostaria de receber a nossa mala-direta**

Nome:______________________ Empresa:______________________

Endereço: ☐ Res. ☐ Coml. ______________________ Bairro:____________

CEP: ________-______ Cidade: ______________ Estado: ______ Tel.: ( ) ____________

Fax: ( ) ______________ E-mail: ______________ Data de nascimento: ____________

Profissão:______________ Professor? ☐ Sim ☐ Não Disciplina: ____________

**summus editorial**

Rua Itapicuru, 613 – 7º andar 05006-000 São Paulo - SP Brasil Tel.: (11) 3872 3322 Fax: (11) 3872 7476

Internet: http://www.summus.com.br e-mail: summus@summus.com.br